DES VÉRITÉS QUE LE TEMPS N'EFFACE PAS

Romance Des Esprits

FERDINANDO, TIAGO ET BERNARD

PSYCHOGRAPHIE PAR

GILVANIZE BALBINO PEREIRA

Traduction en français :
Ashlye Lezama
Alesandra Enriquez Carlos
Lima, Pérou, Mai 2023

Titre original en Portugués :
"Verdades que el tiempo no apaga"
(Les vérités que le temps n'apaise pas)
© Gilvanize Balbino Pereira, 2004

World Spiritist Institute

Houston, Texas, États- Unis

E-mail:contact@worldspiritistinstitute.org

« Veritas evidens non probanda... »

Ferdinand

« La vérité évidente n'a pas besoin de
preuves... »

SOMMAIRE

Remerciements

Je remercie Jésus pour les belles leçons que j'ai apprises avec le temps et à me retrouver dans les chemins de notre vie avec des personnes merveilleuses qui m'ont enseigné de regarder vers l'avant, à valoriser le présent et à avoir à nouveau de l'espoir dans le futur.

Pour cela, je dédie la page qui suit à ma vraie famille spirituelle, à quelqu'un de très cher qui m'a rappelé que l'Ancien Testament une belle source de sagesse et de connaissance sur soit et à mes tendres amis, qui se sont toujours confiés à moi, qu'ils restent à mes côtés et m'aident à valoriser l'essence de Dieu qui est dans mon cœur.

Avec affection et gratitude,

Gilvanize Balbino Pereira

Temp et Duration

ECCLÉSIASTE,3:1-8

Il y a un temps pour tout, un temps pour toute chose sous les cieux :

Un temps pour naître, et un temps pour mourir; un temps pour planter, et un temps pour arracher ce qui a été planté.

Un temps pour tuer, et un temps pour guérir; un temps pour abattre, et un temps pour bâtir.

Un temps pour pleurer, et un temps pour rire; un temps pour se lamenter, et un temps pour danser.

Un temps pour lancer des pierres, et un temps pour ramasser des pierres; un temps pour embrasser, et un temps pour s'éloigner des embrassements.

Un temps pour chercher, et un temps pour perdre; un temps pour garder, et un temps pour jeter.

Un temps pour déchirer, et un temps pour coudre; un temps pour se taire, et un temps pour parler.

Un temps pour aimer, et un temps pour haïr; un temps pour la guerre, et un temps pour la paix.

Introduction

Selon l'histoire, c'est lors du 5° concile de Constantinople, tenu en 553 à Istanbul, en Turquie, que la réincarnation a été déclarée hérétique — doctrine contraire à la foi chrétienne : — par l'Église romaine. Selon Procope, historien de la cour de Justinien (483 - 565 J.-C.), la femme de l'empereur influençait ses décisions politiques et religieuses. Fille d'un gardien d'ours de l'amphithéâtre byzantin, elle renie son passé. Pour tenter d'effacer le déshonneur d'avoir été courtisane, Théodora n'hésite pas à ordonner la mort de ceux qui, avec elle, ont connu la même condition. Mal à l'aise avec l'idée de la réincarnation — qui dans son cas, l'obligeait à subir des conséquences terribles pour avoir commis un crime odieux — ,elle use de son influence pour abolir la pluralité des existences sur la base de préceptes religieux.

En l'année 543, poussé par cette influence, Justinien, en dehors du clergé, a confronté les propositions d'Origènes (185-235 après J.-C.), théologien et spécialiste des écritures, théoricien chrétien, et a condamné la croyance en la préexistence de l'âme et la conséquence des actions d'autres existences dans le présent, ce que le spécialiste a consigné dans les ouvrages *De Principiis et Contra Celsum.*

Au cours du cinquième Concile, organisé par Justinien en collaboration avec ceux qui se soumettaient à son autorité, l'empereur atteignit son objectif : la préexistence de l'âme fut éliminée par décret des postulats de l'Église

« Celui qui enseigne cette fantastique préexistence de l'âme et son monstrueux renouvellement sera condamné », signe le Concile, malgré les voix qui se sont tues par la force.

Des siècles plus tard, le cardinal Nicolas de Cuse, devant le pape Eugène IV (1431 — 1447), défend la pluralité des existences et des mondes. Le Souverain Pontife approuve la démarche, mais, une fois de plus, les intérêts de l'Église parlent plus fort et la vérité reste cachée. En 1543, face à l'avancée du protestantisme, l'Église Catholique impose la censure sur les livres contraires à ses postulats. Restaurée par le Pape Pablo II, l'Inquisition persécute et punit ses opposants, tout en cherchant à maintenir vivante la foi en l'Église.

Dirigée par six cardinaux du Saint-Office, l'Église institue un tribunal central et délègue les pleins pouvoirs aux inquisiteurs des différents pays. *L'Index Librorum Prohibitorum* — Index des Livres Interdits — est créé en 1559, dans le but de lutter contre les lectures « contraires à la morale ». Les livres approuvés par le clergé recevaient l'Imprimatur, signé à l'ouverture de la publication, autorisant leur impression et leur diffusion. Parmi les nombreux ouvrages de valeur condamnés par l'Église, on trouve des écrits scientifiques dont le seul obstacle est la religion des auteurs, adeptes du protestantisme...

Dans ce livre, qui décrit la cruelle persécution causée par le fanatisme religieux, des passages des évangiles apocryphes — expression qui signifie caché en grec —, se détachent soulignant la réincarnation et la pluralité des mondes. Aux lecteurs qui nous accompagnent, nous voulons partager la joie de sauver des *vérités que le temps n'efface pas.*

Les rédacteurs.

Première Partie

« ...Que celui qui a des oreilles, comprenne.

Au plus profond de l'homme de lumière, il y a

lumière et elle illumine le monde entier.

Si elle n'éclaire pas, il y a des ténèbres...

Évangile Apocryphe : Copte de Thomas – point 24

« Pendant qu'il en est temps, cherchez à vous libérer des philosophies complexes, des sciences ascétiques et des religions inquisitoriales, car Jésus a déjà accordé, par sa venue miséricordieuse, l'union de la philosophie, de la science et de la religion afin que leurs esprits puissent être libérés de l'ignorance et de l'incompréhension

Évangiles apocryphes. Tous les textes bibliques sont extraits de la Bible de Jérusalem, nouvelle édition révisée et augmentée, São Paulo: Paulus, 2002. Les abréviations utilisées dans les citations bibliques suivent celles proposées dans le même ouvrage.

Chapitre 1
Entre les souvenirs du passé et la réalité du présent

En cette année inoubliable de 1553, l'Espagne resta imbattable et implacable dans ses lois sévères. La couronne et l'Église sont si directement liées que la limite de la forcé du clergé se confond avec la politique elle- même au point d'apparaître comme une seule institution.

Dans un grand échange de faveurs et d'avantages, les rois ont renforcé le pouvoir de l'Église et l'ont utilisé comme un moyen de réduire au silence un peuple humble et ignorant. D'autre part, le pouvoir papal a de plus en plus usé de son autorité et a semé la peur, la terreur et la souffrance dans toute la Péninsule Ibérique, à travers une religion pleine de dogmes, de complexités et de préjugés et, par conséquent, donnant lieu à une chasse impitoyable aux personnes hérétiques.

Même soumis aux inquisitions, des pays comme l'Italie, le Portugal et la France avaient développé leurs propres moyens pour freiner la propagation d'autres religions.

Commence alors une période de grande censure.

- Une phase de folie s'est répandue dans toute l'Europe à la recherche de ce que l'on appelle « hégémonie religieuse ». L'Église Catholique— afin d'empêcher la diffusion des idées dérangeantes auxpour les ordres papaux et la publication de livres hostiles au catholicisme, ainsi que pour réduire le protestantisme au silence — a créé en 1543 la « Congrégation de Index. » [1]

Au fil du temps, cCette institution s'est transformée au fil du temps, s'est structurée et s'est renforcée. Avec les édits nouveaux et révisés qui ont vu le jour, dictant les lois et exécutant les ordres des bulles papales, ils ont ensuite créé et tenu à jour « *L'Index Librorum Prohibitorum* » — « *Index des Livres Interdits* » — dans le but d'empêcher la publication d'œuvres classées comme hérétiques.

Dans cette période, jusqu'à la publication officielle du premier « Index » en 1559, des « petites listes » restrictives étaient utilisées sur ordre de l'Église, mais elles avaient un grand pouvoir de silence.

---

[1] Face à l'avancée croissante du protestantisme, l'Église catholique impose en 1543 la Congrégation de l'Index, dont le but est de censurer les livres contraires à la doctrine catholique, et, en 1542, l'Inquisition, rétablie par le pape PabloPaul III. Dirigée par six cardinaux du Saint-Office, elle se compose d'un tribunal central et d'inquisiteurs répartis dans différents pays. Son but est de persécuter et d'écraser toute hérésie, tout en maintenant la foi catholique. En 1559, il établit la première liste de livres portant atteinte à la foi et à la morale : l'Index Librorum Prohibitorum (l'Index des Livres Interdits).
Tips/portugues/literatura_brasileira/barroco_brasil_cont_hist/barroco_contra_reforma_catolica.htm
Consulté le 10 septembre 2006.

Les inquisiteurs, également armés de cet instrument juridique, utilisaient ces « listes » pour discipliner et imposer des règles aux libraires, aux imprimeurs, aux marchands et aux propriétaires de bibliothèques. Même pour les écrivains, l'autorisation d'accès aux lectures considérées comme profanes et démoniaques avait été révoquée.

Entre autres atrocités inquisitoriales, « L'Index des Livres Interdits » a suscité un vif mécontentement dans la partie instruite de la société.

Un an avant cela, en 1558, l'Espagne avait institué la peine de mort pour ceux qui importaient des livres étrangers sans les autorisations nécessaires, ainsi que pour ceux qui les imprimaient sans autorisation officielle. Parmi les nombreux ouvrages interdits, on trouve ceux de nature scientifique et philosophique, parce qu'ils ont été écrits par des protestants ou par des personnes opposées au régime religieux et politique de l'époque.

Cependant, l'inévitable s'est produit. Il a réveillé, en de nombreux endroits, et plus particulièrement dans la région de la France et de la Catalogne ², à Barcelone, une grande redoute de rebelles qui ont osé contredire les propriétaires terriens et le pouvoir catholique. Il étaient : de penseurs, d'enseignants, d'écrivains, de philosophes, de médecins et même de prêtres et de

---

² La Catalogne est une communauté autonome d'Espagne, située à l'est de la Péninsule Ibérique. Elle occupe une superficie d'environ 32 000 km2, bordée au nord par la France, à l'est par la mer Méditerranée, au sud par la Communauté valencienne et à l'ouest par l'Aragon. La capitale de la Catalogne est la ville de Barcelone.

moines qui, bien que faisant partie de la structure religieuse, n'acceptaient pas les manifestations de violence qui atteignaient le peuple humble et ignorant.

Certains hommes et femmes ont cherché, de manière très modeste et ferme, à défendre les concepts d'immortalité, la rupture avec le credo des peines éternelles, la pluralité des existences, le droit de récupérer des textes extraits des écritures sacrées par des édits et des conciles, les idées réincarnationnistes, la préexistence de l'âme et, surtout, le droit des autres religions à se manifester, en préservant leurs langues et leurs cultures, en plus de démystifier les rituels, en dénonçant les excès et les abus de l'Église.

Dans ce décor social, politique et religieux à Barcelone, en Espagne, un groupe d'hommes vit entre les souvenirs du passé et la réalité du présent.

Parmi ce groupe se trouvait un médecin de talent et de renom, nommé Felipe[3], qui semblait jovial, bien que la maturité et les années aient marqué sa vie. Son teint clair, son visage fin, ses yeux noirs et ses cheveux légèrement gris mettent en valeur une expression sérieuse et discrète.

Il subit de nombreuses pertes et travailla dur après la mort de son père Esteban[4], assumant la responsabilité de soigner

---

[3] Dans les pages du roman Cetros Partidos, dicté par les esprits Ferdinando et Tiago, l'histoire de ce personnage, ainsi que de Esteban, Morilo Martins, Víctor González, Felipe, Yasir, Catarina, Bernard, Diego, Sirilo et Nubia, entre autres, est mentionnée dans cette œuvre.

[4] Parmi plusieurs raisons, y compris des raisons privées, ce noble ami mérite une mention spéciale. Collègue et frère en Christ depuis de nombreuses vies, il s'est toujours consacré au service des autres, même lorsque la vie, pour de nombreuses raisons, était déterminée à le détourner du

les malades sans oser exprimer un mot de plainte, et se consacra même aux idées chrétiennes nouvelles et révolutionnaires.

Son cousin Yasir, qui est également médecin, reste fidèle à ses côtés. Homme de petite taille et de forte corpulence, au visage rond et rude, au teint doux et doré ; il avait quelques traits mauresques soulignés par ses yeux bruns, mis en valeur par un sourire en dents de scie et des mèches grises.

Même en partageant le même toit, un Français vivant à Barcelone, connu et respecté sous le nom de Bernard[5], qui

---

chemin du bien. Nous sommes éternellement reconnaissants au Seigneur d'avoir pu partager des jours d'expérience avec ce cœur, à qui, à plusieurs reprises, nous avons confié la tutelle de celui que nous aimons tant et qui représente pour nous le lien d'union le plus pur. Dans son humilité, il nous a enseigné toute la beauté et la magie du pardon et de l'oubli du passé. Exemple vivant de bonté et de conversion chrétienne, nous avons appris avec lui les concepts simples de justice et de renoncement. À cet ami béni, Jacques et moi, nous laissons cette recommandation romaine : Avec Esteban, car nous nous souvenons que « Actus non a nomine sed ab effectu judicatur ». L'acte n'est pas utilisé pour le nom, mais pour l'effet, car l'effet de son nom est, sans aucun doute, le synonyme de l'amitié, de la liberté et de l'amour. (Note de l'auteur spirituel Ferdinando)

[5] Le texte suivant a été dicté par l'esprit Ferdinando dans le livre Cetros Partidos : « Nous ne pouvons pas nous passer de mentionner cette note. Cet ami éternel et frère en Christ a été brièvement mentionné dans les vraies pages du livre d'Eusèbe. En respectant sa demande, nous utiliserons pour ce rapport le pseudonyme de « Bernard » afin de préserver son identité et, surtout, son travail significatif qui,

présentait à cette occasion les symptômes d'une maladie qui massacrait ses articulations, rendant ses journées douloureuses et ses nuits plus longues.

Cependant, l'équilibre de ces hommes était entre les mains de Catalina, l'épouse de Yasir. Une femme forte et courageuse qui, même face aux difficultés naturelles de la vie, n'oublie pas l'éclat du bleu dans ses yeux et la beauté simple qui

---

en cette période de persécution intense, a permis à de nombreuses personnes de lutter pour la restauration d'un christianisme de qualité, en particulier dans les pays en voie de développement. Le Saint-Office a été la base sur laquelle beaucoup ont pu lutter pour la restauration d'un mouvement chrétien fondé sur les piliers authentiques et véritables de l'amour. Dans cette tenue de philosophe, écrivain et penseur important, soutenu, entre autres, par ce groupe d'amis, en particulier Felipe et Yasir, très contribué à un grand nombre de matériel, parmi eux : la défense des textes classés comme apocryphes, l'immortalité, la rupture avec le credo du châtiment éternel, la pluralité des existences, en plus de la démystification des rituels, la dénonciation des excès et des abus de pouvoir de l'Église Catholique, qui à l'époque se présentait comme maître absolu de l'esprit et du cœur des enfants de Dieu, en marchant sur des chemins très éloignés de l'objectif séculaire laissé par Jésus-Christ, résumé dans les deux sages commandements. Ils sont les suivants : « Tu aimeras le Seigneur ton Dieu de tout ton cœur, de toute ton âme et de tout ton esprit ». C'est le plus grand et le premier commandement. Le second lui est semblable : « *Tu aimeras ton prochain comme toi-même* ». C'est sur ces deux commandements que reposent toute la Loi et tous les Prophètes ». - Matthieu, 22 : 37-40.

donne de la grandeur à son âme. En cette fin d'après-midi de printemps, le bleu du ciel et le vert de l'herbe rehaussaient la couleur des fleurs qui parfumaient ces paysages espagnols pittoresques et silencieux, leur permettant de partager leur charme avec les personnages de ce scénario enveloppé d'une paix intense, comme si les marques de leur passé n'étaient que des souvenirs qui ne reviennent jamais.

Dans la résidence des médecins, Felipe termine tranquillement la préparation d'un mélange d'herbes, tandis que Pablo, un jeune homme d'environ quatorze ans, se prépare à partir aidé par la gentillesse de Laila, sa mère, une femme humble marquée par une vie difficile et limitée, et de son père, Ramirez, un villageois paysan qui survit grâce aux quelques plantations de sa terre et exerce le métier de paveur.

Après avoir discuté quelques instants, Felipe a tendu le médicament à l'homme et lui a dit :

— Mon cher, ton fils ira bien. Ne t'inquiète pas.

Pendant ce temps, Yasir et Bernard ainsi que Catarina sont entrés dans l'enceinte. Catarina, souriante, tend du pain à Laila. En la regardant, Ramirez est intervenu :

— Ma femme et moi tenons à toi remercier pour ce que tu as fait pour nous. — Essuyant une larme, il poursuit :

— Nous sommes arrivés récemment du Sud et avons acheté un terrain près d'ici. Mais c'était sans compter sur la maladie qui a frappé notre Pablo. Je suis pauvre et je n'ai pas les moyens de payer vos services, ainsi que la gentillesse avec laquelle vous nous avez reçus.

— Mon brave homme — dit Felipe—, tu ne nous dois rien.

—Lorsqu'il est tombé malade — raconte Laila—, nous ne savions pas qui chercher. Nous pensions que quelqu'un nous aiderait, même si nous savions que nous n'avions aucune ressource. Ils nous ont donc conseillé de chercher cette maison, car ils pensaient que nous y trouvons du soutien.

Ramirez, surmontant sa timidité, est intervenu :

— J'ai aussi entendu dire qu'il y avait une école ici. Croyez-moi, je ne veux pas que mon fils connaisse le même sort que moi. J'aimerais qu'il ait l'éducation que je n'ai pas eue. Pourrait-il apprendre, ici, avec toi ? En plus de ses études, il pourrait m'aider dans mon travail.

— Mon cher, nous serons très heureux si Pablo nous rejoint.

Bernard répondit.

—Croyez-moi, nous vous en serons éternellement reconnaissants — a déclaré Ramirez.

Au milieu d'adieux émouvants et reconnaissants, le couple et leur fils sont partis.

Alors que la famille descendait lentement la route, sous le porche, Felipe restait sérieux, le regard perdu dans l'horizon. En voyant la tristesse passagère de son cousin, Yasir l'a serré dans ses bras et lui a dit :

—Environ trois ans se sont écoulés rapidement depuis la mort de mon oncle Esteban. Depuis, Catarina et moi nous sommes inquiétés pour toi, car tu travailles sans même te reposer.

Soupirant, il a continué :

—Je sais ce que tu ressens. Après tout, il était pour nous la source de l'équilibre, de la paix et de la foi. —Le prenant par les bras, il a continué :

—J'avoue que depuis sa mort, je n'ai pas vu une telle tristesse en toi. Ton visage s'obstine à cacher ce que tu es : un homme fort, juste et tendre.

— Je ne suis pas triste, mais plutôt nostalgique. Depuis que je me suis réveillée, inexplicablement, je n'arrive pas à détourner mes pensées de mon père. J'ai même senti son parfum près de moi et j'avoue que mes journées sans lui ressemblent toujours à un hiver sans fin.

En soupirant et avec un regard contemplatif, Felipe a continué :

— Je peux être fort parce que je lutte pour ne pas succomber à moi-même, je suis peut être juste parce que ma foi me guide, mais ne me considère pas tendre, car mon père a été le seul à calmer mon âme sauvage. Alors, pour ne pas réveiller la rébellion d'un esprit guerrier[6], je préfère le travail à l'oubli du passé. Sans lui, je me sens comme un tigre pris au piège, prêt à en découdre.

— Ne sois pas si dur avec toi-même. Je connais tes histoires et je partage les idées de ton cousin à ton sujet— a dit Bernard.

— En effet, Esteban était et sera toujours un grand homme, un frère que je garde dans mes meilleurs souvenirs. Il n'était pas difficile de l'aimer, mais il est impossible de l'oublier.

------

[6]Dans cet ouvrage, et surtout dans les textes cités, nous utilisons le terme "esprit" car nous n'avons pas trouvé de traduction adéquate pour les langues d'aujourd'hui. Ainsi, par définition, nous avons décidé de profiter de la connaissance spirite de ce mot pour faciliter la compréhension du lecteur (Note de l'auteur spirituel Tiago).

— Mon ami — intervint Felipe en posant doucement sa main droite sur l'épaule de Bernard, si ce n'était la connaissance des existences passées que nous avons vécues, je dirais que je suis fou. Aujourd'hui, je sais que je ne suis pas un soldat, mais il y a des nuits où je me réveille avec des souvenirs que je ne serais pas assez sage pour comprendre non plus, mais je sais qu'ils sont aussi vrais que moi. Je me considère très habile avec les épées, je vois mes mains marquées par le sang des guerres et, surtout, j'ose dire que, d'une certaine manière, j'ai l'impression d'avoir une connaissance profonde des stratégies des arts militaires. — Soupirant, il a continué :

—Je me vois aussi comme un grand chef, un général qui dirige des troupes, fait avancer les frontières et établit même des lois. —Après une brève pause, il a continué :

—Au milieu de tant de luttes, je vois quelqu'un que je ne peux pas identifier, mais que je sais avoir beaucoup aimé. Était-ce de la folie, des rêves ou des souvenirs blancs de mon passé ?

—Même en traversant—dit Bernard—les portails de différentes vies, nous ne pouvons pas oublier que toutes les connaissances que nous accumulons dans chaque existence ne seront jamais négligées. Dieu, dans toute sa sagesse, ne nous préserve en ne nous permettant pas de connaître momentanément tout notre passé, en ne laissant que de petits souvenirs revenir dans chaque existence ou à travers les rêves, en cherchant à améliorer nos mauvais penchants et en éclairant avec amour et instruction nos ténèbres intérieures. Cependant, tout ce que nous avons été et tout ce que nous sommes, après avoir fermé les yeux sur la vie dans la matière, nous le retrouvons dans la lucidité de notre individualité, de notre globalité. Ainsi, nous nous libérons des liens d'une vie unique, marquée par de petits souvenirs, pour voir tout ce qui est en nous sans restriction.

—J'espère — dit Felipe — que je faisais tout ce dont je suis responsable, même si je suis conscient de mes limites.

— Sachez ! — dit Bernard — que ce que nous faisons dans notre vie passée et même dans le présent résonne dans l'éternité ! Nous sommes le résultat de tout ce que nous avons fait dans d'autres existences. Tout ce que nous avons appris au cours de nos histoires et de nos vies ne sera pas négligé ; il soutiendra notre propre croissance. Nous pouvons vivre plusieurs existences, mais en esprit nous sommes les mêmes et il nous appartient de progresser en cherchant toujours à nous libérer de nos imperfections. Malheureusement, notre cerveau ne peut contenir tous les souvenirs que nous avons de notre passé. Chaque vie nous réserve une limite de connaissance de chacune d'elles, c'est-à-dire de notre tout et seulement au Seigneur, et la rupture de cette limite nous est réservée.

—Alors pourquoi ces souvenirs me reviennent-ils si fort ? —demande Felipe, visiblement inquiet. — Parmi eux, je vois des gens que j'ai tant aimés, mais qui sont perdus dans l'égoïsme et même dans le sang. Mon Dieu, que représentent-ils ?

Baissant la tête, il poursuit :

—Ensuite, quand je me réveille, je me sens seul et dominé par une grande tristesse.

—Ne nous inquiétons pas de savoir pourquoi ces souvenirs t'ont été révélés — répondit Bernard. D'une certaine manière, Jésus attend quelque chose de toi, comme s'il t'avait toujours confié une tâche particulière. Attendons demain, car ce n'est qu'à ce moment-là que nous pourrons retrouver les chemins que le Ciel nous a assignés.

Après une brève pause, il a poursuivi :

—Nous sommes revenus parce que la primauté de la vie est appelée à recommencer, et le Dieu auquel nous croyons nous offre toujours un refuge pour notre âme en constante transformation. Ne reste pas bloqués dans le passé, aujourd'hui nous pouvons modifier et améliorer ce que nous sommes, parce que ce que nous avons été ne sert que de leçons apprises ou non, mais tu dois savoir que l'avenir est une construction qui dépend de nous individuellement. Même en traversant tant d'épreuves, en empruntant des chemins tortueux et sombres, il est toujours possible d'être meilleur que ce que nous sommes ou même que ce que nous serons. « Mais le fruit de l'esprit, c'est l'amour, la joie, la paix, la fermeté, la douceur, la bonté, la foi, la douceur, la tempérance ». [7]

—Mes chéris — dit Catarina en essayant de briser la tristesse passagère—, nous sommes tous sous le coup d'une grande émotion. N'oubliez pas qu'il y a quelques jours, nous avons été surpris par la mort inattendue de Hadi et de Josué[8], par l'épidémie qui s'est déclarée dans ces régions. Des amis éternels qui ont partagé notre vie, consacrant leurs journées à tous ceux qui ont prié pour leur soutien. Je prie Jésus pour qu'ils soient aux côtés de nos ancêtres—. Elle a continué en souriant :

—Ces dernières années, parmi de nombreuses épreuves, j'ai appris à considérer la mort comme un bref adieu qui ne nous empêche pas de rencontrer nos amours dans le futur.

---

[7] Galatas, 5:22 (N.A.E. Fernando)

[8] Les histoires des illustres et dévoués médecins Hadi et Josué ont été relatées dans les livres Larmes du soleil et Sceptres fendus (N.A.E. Tiago).

—Malgré la nostalgie de nos amis et l'augmentation de la charge de travail, nous devons garder la tristesse hors de nos vies— a dit Yasir joyeusement, en ajoutant :

—Tu as raison, après avoir pris connaissance des concepts de continuité de la vie, j'ai la paix dans mon cœur. Pour moi, la mort n'est rien d'autre qu'une renaissance dans un monde différent, si loin et pourtant si proche.

A ce moment, Bernard, affichant une pâleur forte, tousse à plusieurs reprises. Felipe, inquiet, dit :

—Amie, les premières étoiles annoncent l'arrivée de la nuit et le vent nous dicte ses lois. Les excès sont un risque pour la santé. Il vaut donc mieux partir avant que cela ne s'aggrave.

La brise du soir berçait ces enfants de Dieu qui, pleins d'espérance, gardaient leurs souvenirs dans leur cœur, attendant l'arrivée d'un jour nouveau.

Chapitre 2

Des vies qui se retrouvent, le début d'un nouveau chemin

Une certaine nuit, une simple calèche s'arrête devant la résidence des médecins à la recherche de nouvelles de Bernard.

Un jeune Français au teint clair, de grande taille, au visage fin, bordé de cheveux et d'yeux noirs, en descend.

Yasir va immédiatement à sa rencontre et après une brève identification, constate que sa sœur souffre de fièvre à l'intérieur de la voiture.

Sans perdre de temps et sans crainte, le médecin lui a demandé de l'emmener à l'intérieur. Avec amour et force, il la soutient dans ses bras comme s'il tenait un oiseau affaibli, cherchant silencieusement le courage de rester en vie.

Installée sur un humble lit, Catarina s'est mise à disposition pour prodiguer les soins et le repos dont la jeune fille avait besoin.

Pendant ce temps, Yasir et le jeune homme se dirigent vers la salle principale. Bernard, qui était avec Felipe, l'a vu et a dit :

—Tiens, tiens, si ce n'est pas le fils de mon vieil ami Jacques, le célèbre libraire français. Antoine, le petit garçon maigre, s'est transformé en grand homme.

Sans cacher sa joie, il poursuit :

—Où est ta sœur qui, sûrement, doit être plus belle ?

Dis-moi, qu'est-ce que tu fais ici ?

Après un salut chaleureux, il poursuit :

—Cecile est avec moi et a été accueillie avec la plus grande dévotion par ces cœurs inconnus qui me semblent si intimes —essuyant une larme timide, il poursuit :

—Notre voyage a été difficile. Elle est tombée malade et chaque jour, au milieu des contraintes auxquelles nous étions soumis, j'ai prié le Seigneur de me donner la force d'arriver jusqu'ici.

Bernard, sentant la tristesse d'Antoine, dit :

—Jeune homme, où est Jacques, que lui est-il arrivé ?

—Malheureusement, nos jours n'ont pas été paisibles. Notre père a été arrêté et condamné à mort par les inquisiteurs français pour avoir distribué des livres dits « Livres Interdits ». Notre maison a été détruite et tous les livres brûlés. Nous avons souffert de graves privations.

—Qu'est-ce que tu as dit ? — demande Bernard avec étonnement et tristesse.

—Quelle est la raison de cette persécution ?

—Une fois, - continue Antoine, - nous avons reçu un ami de mon père, un Égyptien, un homme qu'il a connu il y a longtemps. Il apportait au "grand libraire" des papyrus contenant des textes sur la vie de Jésus et racontait qu'il les avait achetés autour du delta pour peu d'argent. Notre père, étonné, découvre qu'il s'agit de textes chrétiens inédits et qu'ils peuvent être classés comme apocryphes. Il est parti et nous les a confiés. Rapidement, mon père a traduit ce qu'il avait reçu et nous a guidés pour les distribuer. Mais nous avons été trahis. Avant son arrestation, il nous a demandé, à Cecile et à moi, de venir le chercher, car il avait, on ne sait comment, découvert que vous étiez à ces arrêts. Il nous a dit que nous trouverions de l'aide auprès de toi.

Se remettant de sa forte émotion, Antoine poursuit :

—De plus, il nous a demandé de lui remettre cette lettre et ce paquet.

Bernard demanda à Felipe d'ouvrir le paquet pendant qu'il lisait à haute voix ces pages :

« *Cher ami Bernard.*

Quand cette lettre arrivera entre tes mains, ma personne aura été étouffée par la mort et par la fureur irrationnelle des religieux.

Je viens, en tant que père, te supplier d'accueillir mes enfants. Je m'occupe d'eux deux. Ils possèdent beaucoup de connaissances, ce qui les rend plus audacieux et peut-être des proies faciles pour les fous ignorants.

Je me souviens du jour où ma femme et moi nous sommes rendus sur les terres des califes au Maroc pour échanger des livres. C'est là que nous avons rencontré cette douce enfant, minuscule odalisque délaissée, qui est venue à nous par les voies de la privation. Alors que nous pensions ne pas pouvoir avoir d'enfants, le Seigneur nous a fait ce cadeau. Il ne nous a pas fallu longtemps pour l'aimer comme une fille et de toute la force de notre cœur car elle était toujours spéciale et aussi notre équilibre. Nous sommes retournés en France et avons appelé notre enfant Cecile. Quelque temps plus tard, Antoine est né, mais à la grande tristesse de tous, ma femme n'a pas pu supporter la difficile mission de lui mettre au monde et est décédée. Pardonne-moi l'émotion de ces souvenirs, car je sais bien que tu connais nos histoires.

Cecile, sans jamais se plaindre, a assumé les responsabilités de notre résidence, s'occupant avec amour de moi et d'Antoine. Je lui ai offert des études, elle a étudié d'autres langues et m'a toujours aidé dans mon métier tout au long de ma vie. Elle a abandonné ses ressorts de jeunesse et aujourd'hui, elle n'est plus la petite fille qui s'asseyait à côté de moi, c'est une femme adulte.

Bien que nous ayons insisté pour qu'elle se marie, elle est restée à nos côtés. Elle m'a supplié de ne pas lui trouver de mari, parce qu'elle voulait trouver l'amour dans les voies de son propre cœur. J'avoue que j'ai fini par croire qu'il s'agissait de choses dans la tête d'une femme et que cela passerait vite. Parfois, je me reproche d'être responsable de sa solitude, parce que je l'ai fait trop réfléchir. Même si c'était une attitude inhabituelle pour une femme et qu'elle souffrirait des conséquences de son choix, j'ai décidé de la respecter.

Antoine s'est oublié et je sais qu'il a beaucoup de moi. Je suis à l'origine de sa passion pour les livres et c'est grâce à elle qu'il est devenu un soldat prêt à mener une guerre pour sauver les lettres. Les idéaux auxquels il croyait tant sont désormais les siens. Dans la mesure de vos moyens, je vous prie de calmer son âme téméraire et de lui apprendre à se battre avec raison, en diffusant l'intelligence, en cultivant la sagesse, en ne manquant jamais la foi qui nous fait raisonner, et à grandir vers le ciel.

En tant qu'ami, amoureux des livres et de la liberté d'expression, je te remets ces joyaux littéraires afin que vous en soyez le gardien, que vous les mettez entre les mains des hommes, que vous éclairez l'esprit de tous.

Je meurs pour l'amour que j'ai pour l'œuvre de Dieu et je sais qu'avec vous, ma mort n'aura pas été vaine. Cependant, ne me considérez pas comme un héros pour mon attitude, car je suis conscient que ma contribution à Jésus-Christ est petite, mais je ne peux pas me passer de cette lutte pour la liberté et la foi rationnelle qui nous a été si longtemps enlevée à tous.

J'ai appris à vous connaître par vos écrits et surtout par l'illustre penseur que vous êtes. Depuis, nous sommes de grands amis. À vos côtés, j'ai pu élargir ma réflexion et apprendre que personne ne peut asservir nos esprits et nos cœurs. Tandis que les pages blanches entre votres mains se transformaient, comme par magie, en œuvres d'art dessinées avec les encres de la sagesse, de l'équilibre et de la vérité, j'ai pu les distribuer dans des contrées lointaines comme si les livres pouvaient voler au gré du vent, franchir les frontières et atteindre ceux qui en ont tant besoin.

Je te prie de ne pas laisser la bêtise et les préjugés tuer ces textes et l'ignorance réduire au silence la foi libre. Il y a une partie que je n'ai pas pu traduire, mais je sais que tu connais les langues anciennes et que tu sauras ce qu'il faut faire.

Avant de conclure cette lettre, je veux que tu saches que ma bien-aimée Cecile est aussi la gardienne d'une « proie » spéciale que tu apprendras à apprécier avec le temps. Depuis qu'elle est toute petite, elle me dit qu'elle voit des morts et qu'ils lui parlent. Parmi beaucoup d'autres, il y avait surtout un homme dont elle insistait pour dire qu'il était son professeur et qu'il lui avait tout appris sur ces « manifestations ».

Il ne m'a pas fallu longtemps pour chercher de l'aide dans les églises, mais les sentences religieuses obligeaient la petite fille à de longues pénitences que rien ne pouvait faire. Ils l'ont aidée avec ce qu'ils pensaient pouvoir lui apporter la guérison. C'est alors que je me suis intéressée à la culture de l'Inde et de l'Egypte, pour m'aider à la comprendre. Crois-moi, c'est avec leur aide que j'ai réussi à arriver jusqu'à ces traductions. Ne laissez donc pas la peur de l'inconnu et les hallucinations religieuses vous empêcher de communiquer avec l'occultisme, car cela peut vous aider énormément.

Je vous dis au revoir.

De la part de l'éternel ami et frère d'idéal, Jacques. »

Bernard a rapidement examiné les textes[9] et n'a pu cacher la tristesse mêlée de joie, d'étonnement et d'émotion qui se lisait visiblement dans ses yeux :

---

[9]Nous signalons que ces textes ont été racontés par les apôtres Barthélemy, Felipe et André lorsqu'ils évangélisaient

—Ce sont des révélations sur l'histoire du christianisme primitif ! Ces textes ont résisté à l'épreuve du temps, leur contenu a été préservé. Regarde— s'extasie-t-il — ils font partie des évangiles de Jean, de Barthélemy, de Thomas, de Marie-Madeleine et de certains aspects de la vie quotidienne de Jésus. D'autres auteurs inconnus ont écrit en langues Nord-africaine, Copte, Mésopotamienne et Babylonienne. Je reconnais facilement certaines langues comme l'Hébreu et le Grec, mais celles-ci me semblent être de l'Araméen et d'autres de l'Akkadien ; je pense que

---

la région de l'Inde et de l'Arménie, où nous décrivons leurs origines dans le livre Psaumes de la Rédemption (N.A.E. Ferdinando).

Au sujet des « Évangiles apocryphes », la note suivante a été publiée dans le livre Psaumes de la Rédemption : « .... Au cours des deux premiers siècles du christianisme, un grand nombre « d'évangiles » ont été écrits, mais seuls quatre d'entre eux sont parvenus jusqu'à nous en tant que textes universellement acceptés. Les autres ont pratiquement disparu à la suite d'une forte persécution menée par le courant dit « orthodoxe », qui a pris la tête du mouvement chrétien sur Terre. Dans ce passage, le Christ lui-même attire l'attention sur des textes qui ont été écrits en omettant le cœur de son enseignement – « les vérités pour lesquelles j'ai vécu et je suis mort » - par crainte de « lois transitoires et punitives », peut-être en référence à l'évangile de Barthélemy, dont l'évangile a été retrouvé parmi les premiers manuscrits chrétiens découverts à Nag Hammadi, en Égypte, en 1945, parce qu'il fait référence à la vie dans le monde de l'esprit et à la réincarnation. Des paroles du Christ à Barthélemy, on peut conclure que le christianisme, privé des concepts de réalité spirituelle et de réincarnation, est désespérément défiguré ».

c'est quelque chose de très proche de l'amorite. [10] Je comprends maintenant les faits que tu as relatés et ceux qui ont fait taire ton père. Tôt dans la matinée, je commencerai les traductions et j'analyserai les autres textes.

—Je veux que tu saches que je serai disponible pour continuer la diffusion de ces écrits—dit Antoine—, ainsi que les tiens, car j'avoue que j'ai pris connaissance de tout ce qui lui appartenait et qui était disponible. Je sais que j'ai beaucoup à apprendre de toi. De plus, mon père nous a fait apprendre, à Cecile et à moi, quelques langues, dont celle de cette région, entre autres. Cela nous a permis de nous adapter plus facilement à l'action. Il disait que la connaissance d'autres cultures, de leurs habitudes et de leurs modes de communication élargirait notre pensée et nous aiderait à nous comprendre nous-mêmes.

Felipe, sérieux, est intervenu :

—Mes amis, nous aurons tout le temps de parler. Par tradition, notre famille ne s'est jamais limitée aux liens du sang. Nous avons toujours été impliqués dans les lignes du cœur et nous sommes conscients que personne n'arrive à cette seigneurie par hasard. Alors, si Jésus t'a conduit jusqu'à nous, même si nous n'avons pas grand-chose, nous serons très heureux d'accueillir à Antoine et sa sœur.

Regardant Bernard, il a continué :

—Quant à toi, pour l'instant, il n'est pas en état d'abuser de sa santé. Si tu te fatigues trop, il vaut mieux te reposer.

—Toujours aimable... J'écouterai tes recommandations, mais je vais bientôt commencer mon travail et voir Cecile.

Souriant brièvement, Bernard ajouta :

---

[10] Langue morte (Note du rédacteur).

—Les années, avec tout leur poids, sont maintenant mon ennemi, camarades.

∞ O ∞

Antoine a agi comme s'il était déjà habitué à de nouveaux amis.

Felipe, dans la salle principale, perdu dans la manipulation de ses nouveaux pommades, médicaments et « mélasses" », est soudain interrompu par Yasir :

—Cousin, pardonne-moi de te déranger, mais j'ai besoin que tu aides le jeune homme qui vient d'arriver. Je n'ai pas encore eu le temps de le rencontrer. Depuis qu'il est arrivé ici, j'essaie d'adoucir ses martyres. J'ai l'impression qu'il s'aggrave au milieu de tant de fragilité de son corps. Tout ce que je savais, je l'ai déjà appliquée, mais elle ne réagit pas. D'ailleurs, ma poitrine brûle quand je vois la souffrance d'Antoine face à la douleur de sa sœur. Catarina et moi ne savons pas quoi faire d'autre.

Felipe ne tarde pas et se rend immédiatement dans la chambre. En arrivant, il fut soudain frappé par la silhouette candide de cette femme élancée. Son visage abattu et fatigué, donné par l'innocence d'une enfant, et la maturité qu'il savait lui conférer un équilibre et même une paix, lui vola inexplicablement l'âme.

Cecile, pas plus jeune que le médecin, montre que l'expérience ne lui fait pas défaut, qu'elle n'est pas non plus capable de lui enlever sa beauté, mais d'ajouter la perfection à la forme d'une sculpture grecque. Ses mèches noires, humides de transpiration, tombaient sur ses épaules, son teint légèrement foncé mettait en valeur son visage fin et ses traits marocains, tandis que ses grands yeux expressifs ajoutaient de l'éclat et de la force à sa souffrance.

Felipe est stupéfait, comme s'il n'entendait plus que les battements de son cœur qui soudain fut arraché par le charme de Cecile. S'approchant lentement d'elle, il sentait à chaque pas qu'il allait rencontrer un sentiment inexplicable, incontrôlable et involontaire qui envahissait sereinement son être.

A ce moment-là, en raison de la forte fièvre, Cecile, délirante, provoquait la compassion de tous.

Catarina, suivant les recommandations de son mari, replaça les compresses sur son front douloureux, essayant de soulager sa souffrance.

Felipe s'assied à côté de la malade et, tenant la lampe, éclaire ce visage momentanément inconnu, mais en même temps, dans son cœur, si familier.

En surmontant les fortes émotions qui envahissent son cœur, après l'avoir examinée et avoir accompli les actes médicaux, la prise de conscience que Cecile est soumise au sort de son état de santé surprend tout le monde. Il la prend dans ses bras en les posant sur sa tête, près de son cœur. La berçant comme un enfant, il lui dit :

—N'aie pas peur, je ne te ferai pas de mal —. Cherchant l'inspiration dans l'air, il prie :

— « Seigneur, confiants en ta bonté et conscients de nos limites face à ta grandeur, nous t'implorons pour ceux qui ressentent le poids de la difficile lutte pour surmonter avec espérance les malheurs qui nous assaillent. Notre âme, fatiguée par tant d'erreurs, porte encore les marques d'un passé lointain. Donnez-nous votre miséricorde et avant qu'elle nous fortifie pour que nous trouvions en Toi la sécurité suffisante pour que nous puissions avancer, nous diriger vers la nécessité de notre délivrance. Nous prions pour la sagesse afin que, dans la connaissance de ton amour et de ta bonté, nous ne faiblissions pas pour aller un peu plus loin, sans penser à nous-mêmes, mais en étant aussi utiles que possible, en servant sans demander qui et, surtout, en vivant l'œuvre parce qu'elle nous réconforte et qu'elle guérit nos âmes fragiles.

En ce moment, même en tant que médecin, je sens que mes connaissances sont fragiles et je me sens incapable de m'occuper de cette fille de Dieu. Je sais qu'elle n'est pas arrivée dans cette demeure par hasard. Si votre volonté est de la laisser en vie, je vous demande de la sagesse afin que j'aie entre les mains les instruments nécessaires pour gagner cette bataille ».

Le médecin resta quelques instants à la tenir dans ses bras. Puis il la calma comme il se calma lui-même, comme soulagé d'une oppression forte et inconnue. C'est comme si cette simple prière lui redonnait le calme et la candeur qui la caractérisaient. En regardant son cousin, le médecin dit :

—Prends, la fiole que je manipulais tout à l'heure. Ce mélange nous aidera à contenir la fièvre.

—Pardonne-moi— dit Yasir— mais tu es trop audacieux. Tu es encore en train de tester ces herbes et tu n'en connais pas non plus les résultats.

—Fais-moi confiance. Mon père a toujours été audacieux en médecine et pourquoi pas maintenant pour sauver la vie de cette pauvre femme ?

—Je ne suis pas médecin et je ne connais pas les détails de cette profession— dit Antoine—. Je ne sais pas ce qu'est ce médicament, mais je crois qu'il peut la guérir. En ce moment, tout ce que nous ferons pour ma sœur sera opportun et, dans cette situation désespérée, nous n'avons rien à perdre.

Yasir, inquiet et même agacé, n'ose pas en parler à sa cousine et va chercher la bouteille. À son arrivée, Felipe fait immédiatement boire à Cecile la mixture amère.

Ainsi, tout au long de cette nuit, Felipe et Antoine ne quittèrent pas la malade, tandis que les autres allaient prendre le repos nécessaire à une nouvelle journée qui s'annonçait.

Parallèlement, dans l'invisible, les figures douces et rayonnantes de María Alcantara, Don Sancho et Esteban[11], entre autres, jettent une lumière bleutée sur ces cœurs, renforçant leur courage de poursuivre leurs luttes particulières et parfois difficiles.

∞ O ∞

Le lendemain matin, l'amélioration de Cecile est évidente. A la grande joie de tous, elle se réveille sans fièvre. Antoine, qui ne la quitte pas d'une semelle, s'enthousiasme :

—Elle est guérie. J'en étais venu à croire que je la perdrais aussi. - Pendant que le jeune homme lui racontait les derniers faits, Felipe s'approcha de lui avec son nouveau médicament dans les mains.

Tenant la tête de la malade dans ses mains, il l'aide à boire le mélange amer. Exaspérée devant le médecin, elle le regarde avec une extrême affection. Ses yeux brillants ne quittent pas ses gestes et, pendant un instant, elle a l'impression que seul le silence de ce moment peut répondre aux sentiments qui envahissent son âme. Surmontant sa propre timidité, elle dit :

— Je te serai éternellement reconnaissant pour ce que tu me fais—. Posant sa main droite sur celle de Felipe, elle poursuivit :

---

[11]L'histoire de ce personnage, de Marie Alcantara et de Monsieur Sancho, est racontée dans le livre *Les larmes du soleil* (N.A.E. Ferdinando).

— Je veux te rendre ta gentillesse par mon travail. Je sais que je peux être utile.

Confus et plongé dans ses pensées, il lui caresse délibérément le visage de la main droite et dit en la regardant :

—Pour l'amour de Dieu ! Quand je te regarde, je reconnais quelqu'un de mon passé, mais je ne peux pas l'expliquer par la raison. J'ai l'impression que nous avons déjà vécu ce moment —changeant le cours de la conversation, il a continué :

—Pardonne-moi, je dois être fatigué et je n'arrive pas à contrôler mes pensées, les laissant occupées par des bêtises. Tu n'es pas encore en état de sortir de ce lit. Tu auras tout le temps de nous aider, car le travail ne manque pas ici.

Yasir, au loin, appelle son cousin à l'aide. Felipe lui dit au revoir et s'en va remplir ses engagements. Pendant ce temps, Antoine et Cecile sont restés ensemble à parler de leurs rêves d'une nouvelle vie.

Chapitre 3

Entre l'insécurité, la peur et l'amour

Au bout d'un mois, Antoine aide les hommes tandis que la belle Cecile ne quitte pas Catarina, et une solide amitié se noue entre eux.

Mais l'inévitable se produit, Cecile tombe amoureuse de Felipe qui, inconscient de ce fait, reste sérieux et impliqué dans son travail.

Ce soir-là, seule et pensive sous le porche, Cecile termine sa couture lorsque son frère arrive et s'assoit à côté d'elle :

—Dieu merci, nous sommes arrivés ici. J'ai l'impression d'être en famille. Tout le monde nous a si bien accueillis. —Tenant le menton de sa sœur, il remarque que des larmes marquent timidement ses joues et, changeant le cours de cette conversation, il a continué :

—Il y a des jours où j'ai remarqué une certaine tristesse dans tes yeux, ce qui est inhabituel pour toi, car tu as toujours été une femme joyeuse, forte et intrépide. Il n'y a jamais eu de secrets entre nous. Dis-moi, qu'est-ce qui ne va pas chez toi ?

—Notre père — dit Cecile — nous a appris les livres, les batailles, une vie basée sur le savoir, mais il n'a malheureusement pas eu le temps de nous guider vers l'amour. J'ai toujours attendu l'arrivée de quelqu'un de très spécial pour prendre mon cœur.

Malheureusement, le temps a passé vite pour moi et maintenant je me sens envahie par un sentiment fort qui pèse sur mon âme.

— Ma chère sœur, mes soupçons étaient donc fondés. J'ai compris que Felipe représente quelque chose de très spécial.

—J'ai entendu beaucoup d'histoires sur ce manoir. Surtout celles qui impliquent le cœur de Felipe et combien il a souffert à cause de son passé. Je me sens vaincue et je suis consciente qu'il est maintenant trop tard pour aimer. Je ne suis plus une enfant, et lui non plus. J'ai peur d'entraver son travail avec des bêtises sentimentales. Je suis en conflit et je ne peux le faire savoir à personne. Je ne sais pas quoi faire d'autre. Depuis que mes yeux ont croisé les siens, j'ai l'impression que nous avons déjà vécu un grand amour ensemble—. Prenant les mains de son frère, Cecile poursuit :

—Pardonne-moi, mais il faut que je te dise quelque chose qui me tourmente beaucoup. Chaque nuit, je le retrouve dans mes rêves, participant à d'autres vies que la mienne. Quand je me concentre sur mes tâches, même quand je suis éveillée, je me retrouve dans d'autres existences. À ce moment-là, j'ai clairement devant moi la certitude que Felipe fait réellement partie de toutes ces existences.

—Pour une raison particulière, on te montre et on te confirme un passé qui ne peut être ignoré. Souriant chaleureusement, Antoine poursuivit :

—Je ne comprends pas pourquoi tu devrais craindre cet amour!—D'ailleurs, comment vas-tu accepter les manifestations qui m'arrivent ? — dit Cecile, sans omettre les larmes abondantes qui coulent sur ses joues—. Je me sens différente, et cette différence m'éloigne de cet amour. Pendant des jours, j'essaie de cacher les manifestations et de ne pas communiquer avec l'occulte, mais je sens que je ne pourrai plus les contenir—. Se cachant le visage dans les mains, il continue :

—Je ne peux plus vivre ici, alors j'ai décidé de partir.

—Comment as-tu pu être aussi égoïste ? Tu m'as toujours été dévouée et je n'ai même pas fait attention à toi et je ne me suis pas soucié de toi—. Laissant sa sœur reposer sa tête sur son épaule , Antoine continue:

—Pardonne-moi de ne pas avoir remarqué ta souffrance. Tu ne devrais pas mettre plus de poids sur tes épaules pour ce qui t'arrive en tant que "médiatrice"[12]. Cela ne te rend pas aussi différent que tu le penses. Nous savons que la communication avec l'occulte ne sont pas un acte « surnaturel ». Nous ne sommes pas morts et ensuite, vivant libres de matière, les esprits, pour toujours, ont communiqué avec les hommes. Lorsque nous la connaissons vraiment, nous nous trouvons devant quelqu'un de très spécial que nous ne pouvons empêcher d'aimer. Nous craignons l'inconnu, mais lorsque nous avons la connaissance, tout reste lucide devant nos yeux. Tu sais très bien que la fuite ne t'empêchera pas de faire de l'occultisme. Ensemble, nous sommes protégés—. Essuyant une larme, Antoine poursuit :

—Ne te précipite pas. D'ailleurs, où irais-tu ?

—J'ai l'intention de retourner en France et de rechercher notre seul oncle, le veuf Gérard. Pour l'instant, je pense que c'est la meilleure chose à faire.

—————————————

[12]Les termes de médium ou de médiumnité n'existant pas encore à cette époque, nous utiliserons le terme de « médiateur » pour désigner les manifestations médiumniques développées par Cecile (N.A.E. Tiago).

Reposant sa tête sur l'épaule de son frère, ils restent ainsi quelques instants encore, tandis que la peur et le doute s'installent dans le cœur de Cecile.

∞ O ∞

Le lendemain matin, dans les écuries, Felipe et Yasir trient le foin en échangeant quelques mots.

—Cousin —dit Yasir —Catarina et moi avons toujours pensé que tu devais te remarier. Ce n'est pas parce que tu as souffert de cruautés dans le passé que tu ne peux plus être heureux. Depuis la mort de Nadia, ta femme, nous ne t'avons jamais vu te rapprocher de qui que ce soit. Tu ne vives que pour travailler. Tu es un homme plein de vie et encore capable de recevoir l'amour d'une femme. D'ailleurs, nous avons remarqué que la sœur d'Antoine s'intéresse à toi.

—Ce que tu dis ressemble à un garçon qui parle des fantasmes du cœur—interrompt Felipe en souriant, tout en essayant de le dissimuler.

—Cecile n'est pas une enfant, tout comme tu n'es plus un enfant. Qui sait si ta maturité à tous les deux ne seront pas le refuge d'un grand amour ?

Interrompant son travail après quelques instants, Felipe dit pensivement :

—J'avoue que je ne peux pas contenir le sentiment qui me prend l'âme. Quand je la regarde, j'ai l'impression qu'elle a déjà habité mon âme un jour et que nous avons déjà vécu de grandes histoires dont je n'arrive pas à me souvenir d'une seule ligne, mais je sais qu'il s'agit de vérités que je ne peux pas échapper. C'est quelque chose de si fort que j'ai du mal à me contenir.

—Ne dédaigne pas l'opportunité que tu as reçue— poursuit Yasir en souriant : Considère la possibilité de cet amour qui se tait dans ton sein sans se manifester.

—Je ne suis plus un jeune homme plein de rêves, et le temps passe, ne me laissant que des souvenirs. Quant à l'amour, nous serons toujours ceux qui, pleins de doutes et de peurs, craignent d'essayer.

Changeant le cours de la conversation, Felipe conclut :

— Fini les bêtises. Le travail nous attend.

—Laissons demain parler de lui-même. Tu mérites d'être heureux et il est encore temps de le faire.

∞ O ∞

Dix jours plus tard, Felipe, Yasir et Antoine se rendent dans un village voisin pour soigner les malades. Une épidémie est en train de massacrer les humbles travailleurs des terres d'un noble Il est allé désespérément voir les médecins pour essayer de guérir ses hommes alors l'approche de la récolte du maïs.

Cependant, dans la résidence des médecins, les personnes respiraient un environnement de tristesse et d'inquiétude. Cecile a décidé de profiter de l'absence des hommes. Bernard et Catarina tentent en vain de la faire changer d'avis, mais celle-ci, ferme dans ses intentions, surprend tout le monde par un adieu inattendu.

Ce soir-là, après le départ de Cecile, Felipe et les autres rentrent et sont accueillis par Catarina :

—Vous devez être épuisés et affamés. Rafraîchissez-vous pendant que je vous prépare quelque chose à manger.

Quelque temps plus tard, Felipe, Yasir et Antoine étaient en train de discuter avec Bernard sur la véranda, le mettant au courant des événements, lorsque Catarina s'est approchée avec un plateau de vin et de pain.

—Où est ma sœur ? — demande le jeune Français. —Je ne l'ai pas vue depuis notre arrivée.

—Elle est partie ce matin — dit maladroitement Catarina.

—Nous avons tout fait pour l'en empêcher, mais elle a dit qu'elle voulait partir avant que tu n'arrives.

—Elle a donc tenu sa promesse ! — dit Antonine en traversant la pièce. —Elle est retournée en France à la recherche de notre unique oncle, Gérard.

Après une certaine agitation, Felipe se leva et dit :

—Je vais ramener Cecile. Si je pars maintenant, je la retrouverai bientôt.

S'approchant du médecin, Antoine dit :

—Je vais la suivre même si je sais qu'elle n'a pas plus besoin de mes bras que des tiens. Je vous demande seulement de ne pas partir à sa recherche si tu n'es pas sûr de ce que tu veux, car je ne supporterais pas de la voir souffrir—.

Soupirant, il reprit :

—Et puis, je tiens à toi. Ces routes ne sont pas fiables pour un voyageur seul. Préparez les chevaux pour notre départ immédiat.

Felipe, comme à son habitude, reste silencieux. Quelque temps plus tard, Antoine annonça que les chevaux étaient prêts pour le voyage. Catarina ne cache pas sa satisfaction devant l'attitude de son cousin, tandis que Yasir le soutient joyeusement. Sans tarder, ils enfilent leurs manteaux, ajustent leurs chapeaux et se mettent en route.

∞ O ∞

Alors que le soleil fatigué cherche à embrasser les collines, Felipe et Antoine ne cachent pas leur épuisement. En quête d'un peu de repos et de soulagement pour leurs chevaux, ils s'arrêtèrent dans une auberge. Aussitôt, un homme de petite taille s'approcha et Antoine lui demanda quelque chose à boire. Le médecin lui demande alors :

—Nous cherchons une calèche conduisant une femme pour la France. Vous vous êtes arrêté ici par hasard?

— Oui, monsieur. Il est parti peu avant son arrivée.

Sans perdre de temps, après avoir payé les services, ils continuèrent leur voyage. Les chevaux couraient, obéissant aux ordres des hommes, lorsqu'ils aperçurent leur cible.

Effrayé, le cocher se croit victime d'un délinquant. Antoine, tentant de faciliter l'approche, dit :

—Monsieur, nous venons en paix. Par pitié, arrêtez la marche. Nous cherchons la femme que vous portez.

Le bruit de l'eau annonce la proximité d'une rivière où les voyageurs s'arrêtent pour se désaltérer.

La calèche s'arrête le temps que les hommes s'identifient. Pendant ce temps, soudain, Cecile, visiblement effrayée, mais en position défensive avec beaucoup d'agilité et d'intimité, tient un poignard dans ses mains pour se protéger. Lorsqu'elle aperçoit Felipe, elle s'exclame :

—Pour l'amour de Dieu, que faites-vous ici ?

—Nous sommes venus te chercher pour que tu reviennes avec nous. - La prenant par les bras, il poursuivit :

—Je ne te laisserai jamais nous quitter.

—Pardonne-moi, mais je ne reviendrai pas. Je dois continuer mon chemin, même si je suis loin de ceux que j'aime tant.

Avec fermeté, le médecin l'a rapprochée de sa poitrine et lui a dit:

—À cause d'événements liés à mon passé, j'ai cru que mon cœur était mort, tout comme je m'étais fermé aux sentiments, me croyant incapable d'aimer. Jusqu'alors, je pensais que ce qui se passait ou ce que je ressentais était de l'amour. Je me trompais. Le véritable amour, c'est celui que je ressens pour toi. Tous les jours de ma vie, j'ai réclamé la lumière, mais j'avoue que j'ai craint de quitter l'ombre de la solitude que je connais si bien.

J'ai appris à être seul et à vaincre, à vivre avec tout le monde et en même temps avec personne. Depuis ton arrivée, chaque fois que je me tourne vers toi, tes yeux se plantent dans les miens et illuminent mes ténèbres —. Après une brève pause, il poursuit :

—Ne me prenne pas pour un fou, même sans te tenir dans mes bras, une peur incontrôlable et inexplicable de te perdre a envahi mon être, comme si notre amour s'était un jour interrompu.

Je t'aime, c'est ma seule certitude maintenant. Tu es l'ange béni qui a purifié mon âme, en me faisant croire qu'il est possible d'aimer et de recevoir l'amour que nous recherchons tant. Lorsque j'ai appris ton départ, j'ai eu l'impression de mourir, mais mon cœur tenait à rester en vie. J'ai hésité à accepter ce sentiment à cause des préjugés et de ma peur de moi-même. Je t'en supplie, ne pars pas, car sans toi je ne peux pas supporter un jour de plus !

—Mon amour —dit Cecile en appuyant sa tête sur la poitrine du médecin - et tu vois que mon départ était aussi réservé à la peur et à l'égoïsme d'imaginer que je ne pourrais pas vivre le sentiment qui habite mon âme. Nous ne sommes plus deux jeunes pleins de rêves, mais dans nos cœurs se trouve un amour mûr que personne ne peut nous enlever. Je partage vos pensées, vos sentiments, vos doutes et vos impressions. Laissons nos peurs derrière nous et abandonnons notre esprit à Jésus, car nous ne nous rencontrons pas par hasard, le Seigneur a quelque chose en réserve pour nous et seul le temps nous fera comprendre ce que l'avenir nous réserve.

—Pardonnez cette intrusion— dit Antoine — J'avoue que je suis trop épuisé pour continuer le voyage. Je propose que nous retournions à l'auberge voisine pour la nuit et que nous repartions demain matin.

Sans opposition, ils acceptent la proposition de leur ami, tandis que Felipe et Cecile ne cachent pas leur joie. Enveloppés d'un amour intense, ils attendront l'arrivée d'un nouveau jour. ...

Chapitre 4

Le début des traductions

Bernard, surmontant la difficulté que lui imposait la maladie qui ravageait ses jours, entreprit de traduire les textes.

Cette nuit, le français réunit tout le monde et dit :

— Mes amis, regardez ! J'ai terminé les premières traductions de quelques papyrus. Malheureusement, à cause de la météo, certaines parties se sont perdues. Mais il y a ici :

« Entrée de Barthélemy[13]
Au village de l'inde sur la réincarnation

Alors, un homme nommé Natanael, aussi connu comme Barthélemy, qui naquit à Canaàn, a reçu la mission de parler aux gens de l'Inde. Ce jour-là, il était en train de parler avec un groupe de personnes

---

[13]L'histoire de ce grand homme, éternel frère et ami, a été relatée dans les pages de les psaumes de la rédemption. Natanael « Bar-Tolmai hijo (Bar) de Tolo my » (Tholmal o Talmai) qui naquit à Canaàn, devint plus tard connu sous le nom de Barthélemy, apôtre de Jésus Christ mentionné en Juan, 1 :45 a 51, texte transcrit en cette occasion (N.A.E. Fernandino)

proche du Gange qui l'écoutaient raconter les œuvres du seul Dieu, quand un homme nommé Amjad se leva et dit:

— Amjad : Nos croyances nous ont toujours enseignées que la mort ne se produit ni dans l'esprit, ni dans le corps. Que dis-tu sur cela ?

— Barthélemy : Un jour, devant le seigneur Jésus, j'ai posé cette question. Alors, plein d'inspiration et d'écriture, il m'a répondu :

—Jésus : Dans un lieu tranquille, à la périphérie de Samaria, vivait un pasteur, un homme humble qui était en couple avec une femme. Après un certain temps naquit le premier-né, qui apporta une grande joie à ses parents. Il vécu seulement trois ans avant de contracter une maladie grave, devenir malade et mourir. Le cœur du couple se remplit de tristesse, le père avait rêvé de léguer ses terres à son fils, la division de travail dans la traite des moutons et un mariage heureux (…) L'épouse inconsolable fut envoyée au temple pour chercher du réconfort et des nouvelles de son fils. A son arrivée et après avoir racontée son histoire, la femme demanda :

— Seigneur, où va-t-on après la mort ? Qu'arrive-t-il à notre esprit après le silence de notre corps ? Le prêtre (rabbin) répondit : 'Nous ressusciterons quand arrivera le jour du jugement dernier. C'est aussi l'intention de Dieu que notre âme espère dans les limbes que nous puissions passer l'étape du jugement dernier. (…) La femme désespérée s'en alla et rentra à sa maison. (…) Mon père, plein de miséricorde, envoya un 'ange' qui annonça à l'homme que son fils reviendrait, pas dans le même ventre dans lequel il fut une fois conçu, mais dans l'état du fils de sa fille, de son petit-fils. Une année après l'apparition de l'ange du seigneur, la fille pleine d'espérance conçu une fille.

— Barthélemy : Seigneur, que dois Après dix-sept ans, celle-ci se maria selon la coutume et conçu un fils. Alors le grand-père pris la créature dans ses bras, l'éleva vers le ciel et dit :

'Thalkamarimath'[14].Hier, c'est mon fils qui est revenu à la vie après sa mort, par la réincarnation[15], sous la forme de mon petit-fils, confirmant ainsi la promesse que nous ne mourons pas en esprit, mais que lorsque nous mourons, nous sommes toujours vivants et pouvons revenir si tel est le dessein du Seigneur ou un besoin de chacun d'entre nous. »

— Barthélemy : Seigneur, que dois-je faire avec cette information ?

— Jésus : Allez donc, sans crainte du scandale, annoncer à tous les peuples, à toutes les langues et à toutes les croyances (...), où qu'ils aillent, qu'il n'y a pas qu'une seule vie et que la réincarnation est possible ! Si l'homme ne vit qu'une vie, comme mon père, s'il est bon et juste, pourrions-nous concevoir une nouvelle opportunité pour que l'homme se rachète de ses péchés ? Oh l'homme ! On ignore tellement de choses sur la vie et la mort (...) Le corps appartient à la terre, mais le même esprit resurgit de la mort à travers différents ventres, car nous ne sommes pas prisonniers d'une seule famille. Quel père, en voyant les larmes de quelqu'un se reposant sur la tombe des siens, appellerait sans pitié à les envoyer aux flammes de l'enfer ?

Pas le père qui m'a envoyé ici. Pour que l'homme puisse conquérir le royaume des cieux, il est nécessaire qu'il lave et purifie son esprit. Sans la renaissance de l'esprit en plusieurs occasions, le progrès, le développement et la transformation des ténèbres en lumières ne serait pas possible.

Les hommes chanteront des psaumes de louanges à Dieu pour la vie, mais ils pleureront la mort en croyant qu'elle représente la fin. La

---

[14] ''Thalkamarimath'' : utilisé pour exprimer une joie ou une bénédiction. (N.A.E. Ferdinando)

[15] Nous utilisons le mot réincarnation car nous n'avons pas pu trouver une traduction exacte du mot utilisé par Jésus à cette occasion, ce qui n'invalide pas sa signification et relevance. (N.A.E. Ferdinando)

lumière qui habite le ventre d'une femme s'appelle la vie et elle brille pour demeurer, au retour des enfants spirituels de mon Père. Ceux qui me suivent en tant que disciples ne doivent donc pas craindre l'avenir ni cultiver la peur de mourir en mon nom. En effet, il vous sera offert à tous une nouvelle occasion de revenir à la vie, en conservant votre esprit unique et en emportant tout ce que vous avez appris dans cette vie et dans d'autres (...)

A ce moment-là, une forte douleur dans ses mains oblige Bernard à interrompre sa lecture. Inquiet, Felipe dit :

— Mon ami, se serait mieux que tu te reposes. Cela fait des jours que tu te dédies sans relâche à ces traductions.

— Je te prie de ne pas me demander d'arrêter, sinon ce sera ma vraie mort. Quand j'ai commencé à lire ces papyrus, c'est comme si je savais déjà ce qui était écrit. Et je sens aussi que ces textes ne nous sont pas parvenus par hasard.

Antoine, avec un enthousiasme juvénile, dit :

— Mon Dieu, tu as réussi ! Mon père avait dit que tu serais capable de cet exploit. Maintenant nous avons besoin de distribuer cela au monde pour que tous sachent que Jésus aussi enseigne sur l'unité de l'esprit et la réincarnation.

— Mon enfant — dit Yasir —, je comprends ton urgence, mais nous devons être prudents. Nous venons d'arriver à Barcelone. La Couronne n'est pas du tout satisfaite avec ces arrêts.

Le sang des hommes dans cette région est guerrier et nous ne pouvons oublier que toute manifestation religieuse contraire aux préceptes de l'église est sévèrement réprimée.

—Nous ne pouvons rester dans le silence — intervint Antoine— Nous devons lutter pour la transformation.

—Calme-toi— dit Bernard — nous ferons ce que nous avons à faire en temps voulu. Maintenant je dois continuer mon travail.

La nuit, Antoine, mécontent, n'osait pas s'exprimer, pendant que les autres cherchaient le repos nécessaire pour un autre jour.

Chapitre 5

Le retour de Morilo Martins

Parmi les lignes gravées dans la vie de Felipe, il y avait un personnage très spécial : son fils Morilo Martins, né de sa brève union avec une femme nommée Nadia, décédée peu de temps auparavant.

Le jeune homme vivait avec sa mère et son beau-père, un homme impitoyable nommé Victor Gonzalez[16], qui est au cœur de cette histoire et qui est morte en même temps que Nadia.

Portant les marques d'un passé peu sympathique, dû à un acte odieux dont il a été victime, Morilo a courageusement affronté la déformation de ses jambes, ce qui ne l'empêchait pas de marcher soutenu par ses béquilles, ses inséparables compagnes. Cet acte a par conséquent réduit la stature de son corps mince et fragile.

Mais il ne se plaignait pas de son sort et ne le regrettait pas. Bien qu'il ne soit qu'un jeune homme, les obligations religieuses et les responsabilités auxquelles il est soumis le font

---

[16]L'histoire de ce personnage a été racontée dans les livres *Lágrimas del Sol et Cetros Partidos*. Victor Gonzalez était un homme au teint blanc, à la barbe courte, aux cheveux raides et aux yeux noirs qui laissaient transparaître le feu de la vanité et de la séduction.

paraître plus mûr pour son âge.Il est parti depuis longtemps pour Murcie afin de commencer ses fonctions sacerdotales en réponse à une convocation du Tribunal de la « Sainte » Inquisition de cette région.

Cette nuit-là, cependant, une voiture inattendue s'arrêta devant la résidence des médecins. Le fils de Felipe rentre chez lui, accompagné de son inséparable ami Inarus[17].

Yasir, en les recevant, les a embrassés chaleureusement. Pendant ce temps, Antoine s'est approché et a salué les nouveaux arrivants. Et après un bref échange, il a pris congé et est parti répondre à la demande de Felipe de livrer des médicaments au village voisin.

Sans perdre de temps, ils sont entrés et se sont immédiatement dirigés vers les chambres de Bernard, où Felipe et Cecile discutaient à ses côtés. Avec respect et discrétion, Inarus salua tout le monde et resta silencieux. Morilo, après les salutations, dit :

— En effet, Cecile, dont Felipe m'a parlé dans les lettres que nous avons échangées. Je viens de rencontrer votre frère Antoine et j'ose dire que j'en ai une bonne impression. — La regardant avec admiration, il continua à sourire :

— Crois-moi, les pages qui m'ont été écrites n'ont pas pu décrire les détails de ta beauté. Elle est bien plus belle que les mots. J'ose dire que personne n'arrive ici par hasard ; cela ne

---

[17] Il est à noter que l'ami indien Inarus avait sa fiche dans les pages du livre Split Sceptres. En peu de temps aux côtés de Felipe, à travers les lignes de l'expérience et de la compréhension, il est devenu plus qu'un ami, un frère solidaire, qui a parcouru les mêmes chemins de souffrance et de mystère que sa vie leur avait imposés dans le passé. (N.A.E. Ferdinando).

t'arriverait donc pas. Si tu es ici, c'est parce que tu as quelque chose de très spécial à faire avec nous tous.

— Je vous remercie de ta sympathie— dit spontanément Cecile. —Tu es très gentil. Je craignais que tu ne m'acceptes pas, mais maintenant mon cœur est en paix. J'espère être digne de ta confiance et de ton amitié.

— Nous sommes heureux de ton retour inattendu— a déclaré Felipe.

— Nous pensions que tu resterais à Murcie et que tu y ferais carrière. Quelle est la raison de ta venue ici ?

— Servir dans le Sud n'était pas ma volonté, mais celle de Victor Gonzalez - dit-il en s'installant sur un siège voisin et posant ses béquilles dans un coin, Morilo poursuit :

—Ne me jugez pas sur mes paroles, mais malheureusement les religieux et les hommes du peuple que j'ai rencontrés dans cette structure étaient corruptibles et indignes de confiance. Alors, comme je n'étais pas d'accord avec les actes illégaux et l'utilisation du nom de Jésus à mon propre profit, dont j'ai été souvent témoin, j'ai décidé de quitter l'Église et le prélat catholique pour de bon. En tant que diacre, ce n'était pas si difficile. J'ai donc décidé de revenir ici, où j'ai l'intention d'enseigner, comme Bernard l'a fait.

— Dis-moi — dit Catarina embarrassée — as-tu trouvé notre fils Diego[18] ? Cela fait longtemps que nous n'avons plus de nouvelles de lui. Il ne se souvient même pas de notre existence.

---

[18] Diego est le fils de Catarina et de Yasir. Égoïste, il se dirige vers le sud pour se consacrer à la prêtrise dans le seul but de défendre ses intérêts personnels.

Morilo fit semblant et essaya de ne pas montrer à quel point cette question le gênait. Après un bref silence, il répond :

— Il est bien—. S'essuyant la sueur, Morilo poursuit :

— Il a reçu beaucoup de soutien de la part d'hommes appartenant à cette structure religieuse malade, ce qui l'a rendu très influent malgré son jeune âge. Son ascension est grande et rapide. Aujourd'hui, il côtoie des noms très puissants du « Saint-Office » du Sud.

— Ma chère, - interrompt Yasir—je comprends votre embarras à nous parler de lui. J'ose dire que ceux qui le soutiennent doivent faire partie du groupe que vous répudiez tant. Cet homme ingrat n'a pas l'air d'appartenir à cette famille. Il ne ressemble même pas à notre fils. J'ai beaucoup demandé pardon à Dieu pour l'avoir oublié, mais je ne lui ai jamais voulu du mal. J'ai espéré qu'il prenne le chemin de la lumière, mais d'après ce que je viens d'entendre, il doit faire partie de ce groupe d'hommes méprisables qui utilisent le Christ pour eux-mêmes.

— Nous ne devons pas juger l'attitude des malades de l'esprit et de l'âme — a déclaré Bernard—. Un jour, ils se réveilleront à la vérité et seront convaincus de leurs choix, surtout ceux qui concernent les affaires du Seigneur. Malheureusement, nous sommes encore attachés aux apparences et nous voulons trop pour nous-mêmes. Nous confondons notre foi avec nos désirs et marchandons nos faveurs à Dieu. Il viendra un temps où nous serons libres et où nous trouverons nos propres voies. Nous aimerons nos capacités et nous exercerons avec fermeté ce qui nous a été confié.

— Mon ami— dit Morilo d'un ton pensif— j'espère trouver ma mission avec vous tous. J'ai confiance que le Seigneur a quelque chose en réserve pour moi et je sais que ce sera le meilleur pour moi.

— Ayez la même estime les uns pour les autres, sans prétention à la grandeur, mais en vous sentant solidaires des plus humbles. Ne vous donnez pas des airs de sagesse[19] — dit Bernard —. Tant que nous resterons ambitieux pour les facilités du monde, pour l'or ou pour les apparences, nous serons loin du but de notre vie. Ici, dans ce passage temporaire sur terre, il n'y a ni exaltation ni inertie. Mais plutôt une évocation de l'équilibre. N'écoutez pas mes paroles comme si elles reflétaient la vérité. Ils sont le reflet des expériences de cette vie, alors que j'en ai déjà vécu beaucoup d'autres.

— Mon cher neveu et mon cher Inarus — interrompit Catarina — leur retour nous réchauffe le cœur. Maintenant qu'ils sont avec nous, le temps ne manquera pas pour connaître tous les faits qui nous entourent. Pour l'instant, allons-y, je m'occupe de vous deux. Ils doivent être épuisés par le voyage.

Morilo et Inarus, affectueusement, n'osèrent pas la contredire et se retirèrent en quête de repos.

∞ O ∞

La nuit glisse dans le silence. Morilo s'approche discrètement des quartiers de Bernard. Le voyant, il lui dit :

— Jeune homme, je ne dors pas. Si, même moi. Je vois que tu t'es bien adapté aux limites imposées à ton corps.

— Quand je regarde en arrière, chaque jour je te remercie même si j'ai perdu beaucoup de choses. - Respirant, Morilo continue :

— J'ai appris à vivre avec ma condition limitée et j'y ai trouvé tout ce dont j'avais besoin pour continuer. Quand je suis parti d'ici pour répondre à la demande de Murcie, j'ai emporté avec moi un cœur plein de désir de changement, même si j'étais

---

[19] Romans, 12:16 (N.A.E. Ferdinand)

conscient que le Sud n'était pas mon objectif. Avec vous, j'ai élargi un peu plus mes connaissances, et les rencontres avec des philosophes, des professeurs et ceux qui partageaient vos idées m'ont rendu plus résistante à la vie.

Cependant, lorsque je suis arrivé là-bas, j'ai rencontré des hommes égoïstes qui étaient loin des intentions que le Seigneur avait laissées pour la chrétienté. Des lois cruelles, des folies et des déviations fondent le cours de l'Église. J'ai trouvé des cultes nuisibles à l'esprit humain, un Christ sévère et un Dieu injuste et punitif. J'ai compris alors que je n'appartenais pas à ce milieu, ni ne pouvais faire partie de ce en quoi je ne croyais pas, d'autant plus que j'ai connu vos pensées d'égalité, d'humanité et de justice. Mais quand j'ai vu des hommes innocents qui croyaient en ces concepts mourir injustement, je n'ai pas pu me détourner de la vérité, mais personne ne m'a écouté.

—Tu ne ressembles pas à ce jeune homme qui est parti d'ici plein de rêves et d'idéaux.

—Aujourd'hui, mon cœur n'est plus rempli de rêves, mais de dure réalité. Cependant, mes idéaux, ceux que j'ai établis avec toi et tous les habitants dans cette maison, sont toujours d'actualité. Je ne participerai pas à ces absurdités religieuses. Je crois que, d'une manière ou d'une autre, je pourrai me battre et contribuer à changer cette situation. Il n'y a qu'une seule façon de le faire : avec des instructions. Je me souviens très bien de mon grand-père Esteban et de la paix qu'il a semée. Grâce à ces souvenirs, je me sens plus forte pour recommencer à vivre avec ceux que j'aime et je ne serai pas absente de ma foi. Cependant, je ne peux pas dire que la tristesse n'a pas bouleversé mon moi intérieur, me faisant me sentir impuissante face à tant de confusion et de conflits religieux.

— Ne laisses pas l'attitude des autres vous détourner du Seigneur — dit Bernard avec amour —. Même si tu as appris à retrouver la raison grâce aux autres, ne laissez pas l'inertie s'insinuer dans votre cœur. Immerge-toi dans le travail, car je sais qu'un jour les enfants de Dieu seront prêts à élargir leurs concepts religieux et qu'à travers leur individualité, ils trouveront Jésus-Christ.

Vives dans ton âme, et les plus grandes vérités du Créateur seront dans ton cœur. Ne t'arrête pas au passé—poursuit Bernard—, concentre-toi sur le présent et fais ce que tu as à faire avec un cœur plein d'espoir. Fuir les chagrins sans valeur qui s'obstinent à envahir votre âme. Souviens-toi que pour chaque douleur, le Seigneur nous prépare un précieux remède qui s'appelle le temps. Souvent, nous devons nous taire face aux adversités du monde pour réfléchir et réajuster nos positions. Cependant, ce silence ne signifie pas l'inaction, mais l'étude, le travail constant et le pardon. Nous ne pouvons pas exiger de chacun qu'il comprenne pleinement Jésus dans sa pensée et dans l'équilibre de ses sentiments. La transformation de l'univers tout entier est notre responsabilité à tous, mais elle se fera avec le soutien du temps, et certainement ce temps est sous la domination de Dieu.

Morilo, ému, écoutait les paroles de son ami comme si elles s'étaient enfoncées dans sa poitrine. Un instant plus tard, changeant le cours de la conversation, il dit :

— Je vois que tu travailles encore ! Qu'est-ce que fais-tu maintenant ?

Bernard, ému, s'empresse de lui présenter les textes. Morilo, visiblement effrayé, se mit à lire d'une voix étranglée :

"La rencontre de Bartolomé avec Marie-Madeleine.

- La mort et la croyance en un châtiment éternel.

Après que la croix a réduit au silence le Fils de Dieu, appelé aussi Jésus, Bartolomé, avant de partir prêcher, se réfugie près d'une rivière à la recherche de la solitude pour prier.

- Bartolomé: Seigneur, je porte dans mon cœur le poids de mes péchés. Mon esprit se déshonore quand je me regarde. Suis-je digne de recevoir ta miséricorde. Suis-je celui qui peut rester à tes côtés ? (...) Parmi ceux qui te suivent, il y a de la discorde et je ne sais pas quoi faire. Peut-être que la mort serait ma libération.

Non loin de là, une femme nommée Marie, originaire de la ville de Magdala, s'est penchée et a rempli une cruche d'eau en écoutant cette prière. Elle s'approcha de l'apôtre, se lava les mains et lui donna à boire.

Les larmes de Bartolomé ne lui manquèrent pas (...) Avec affection et bonté, il lui baisa le front et lui dit :

- Bartolomé: Je suis un homme impur, ignorant, confus et plein de péchés. De toutes les femmes, tu as été la plus aimée de notre Seigneur Jésus. Toi aussi, tu as été bénie. Alors dis-moi ce que tu te rappelles lui (...)

Toute excitée, Marie commença à parler :

- Marie : Un jour, j'ai demandé à Jésus comment ce serait après la mort. Et il m'a répondu :

- Jésus : La mort a été créée par mon Père, même si elle cause de la douleur ou des larmes. Cependant, elle peut être très impitoyable pour ceux qui n'ont pas su vivre. Même les pécheurs seront respectés pour leur discernement dans le choix entre le bien et le mal, sans leur imputer un châtiment éternel. Tout se passe selon la volonté de mon Père. Je marche dans le monde et j'expérimente les bienfaits de la chair pour croire à la force de la foi et à la transformation que chacun peut réaliser par lui-même. Le mal est comme la nuit, mais il donne toujours tranquillement les lumières d'un jour nouveau. Apprends à te connaître pour comprendre la grande compassion de mon Père. "Celui qui a des conditions de connaissance et qui les ignore, éteint la lumière et vit dans les ténèbres (...) Croyez donc que l'âme a aussi besoin de nouveaux corps *pour recevoir la délivrance et l'indulgence pour entrer dans le royaume des cieux. Il n'y aura de transformations des esprits, créés par le Très-Haut, que s'ils font l'expérience du retour dans d'autres corps, afin qu'ils puissent rétablir l'équilibre de leurs existences, corriger les erreurs et découvrir, dans de nouvelles opportunités, le chemin pour trouver la lumière.*

- Marie : Serions-nous punis pour nos fautes ?

Et il répondit :

- Jésus : Avant de demander pardon à mon Père, de lui présenter des offrandes, de sacrifier des animaux en son nom ou de louer sa grandeur à l'extérieur, purifiez-vous à l'intérieur. Le changement de pensée et d'action nous rapproche du ciel et transforme le pécheur en homme de Dieu. Si le cœur est plein de colère et de rancœur, n'embrassez pas votre ennemi. Priez le Seigneur pour que la croix de la tombe d'autrui ne soit pas clouée sur vous (...). Avant même de chercher le pardon, pardonne-toi les fautes de ton passé et tu comprendras la vérité sur la vie (...)".

— Pour l'amour de Dieu ? — dit Morilo — Ce sont des textes que l'Église ne reconnaît pas. Il y a un grand mouvement dans le milieu religieux pour contenir la diffusion de tels écrits. Comment sont-ils parvenus jusqu'à vous ?

— Par l'intermédiaire d'un ami français, le père d'Antoine et Cecile. Il y a de nombreuses années, j'ai produit des ouvrages qu'il a distribués dans de nombreux endroits, mais malheureusement il a été victime d'atrocités de la part des religieux et a été tué. Il m'a donc confié ces écrits.

— Qu'allez-vous en faire? Ils ne vous sont pas parvenus par hasard, alors j'ose dire qu'ils doivent être distribués. Beaucoup doivent en prendre connaissance.

— Mon cher, je connais les responsabilités qui nous incombent dans la diffusion de ces informations, mais j'avoue que

je ne sais pas encore très bien ce que nous devons en faire",
poursuit-il en souriant. J'attends peut-être un signe du ciel".

Au fil de la nuit, Morilo ne perd pas de temps. Il a
pris connaissance du travail et ils ont continué à discuter du sort de
ces écrits.

Chapitre 6

Grandes joies, nouvelles révélations

Le lendemain matin, alors qu'ils prennent leur petit-déjeuner et discutent avec enthousiasme, Antoine entre, souriant comme à son habitude. Après les salutations d'usage, il regarde Morilo et lui dit :

— Nous n'avons pas pu parler comme je l'aurais souhaité, car j'étais absent à la demande de Philip pour apporter des médicaments à un malade ici. Comme le brouillard était très épais, j'ai décidé de rester sur place. C'est une pratique courante parmi nous, car ces routes sont dangereuses et, pour des raisons de sécurité, les médecins me demandent toujours de ne pas voyager la nuit. Ils craignent pour ma sécurité et je n'oserais pas les contredire —Prenant un morceau de pain, il poursuit :

— J'ai beaucoup entendu parler de vous et je suis heureux de vous rencontrer. Je ne doute pas que nous serons de bons amis et que j'aurai beaucoup à apprendre de toi.

— Je suis également très heureux de vous rencontrer. J'ai aussi beaucoup entendu parler de vous depuis mon arrivée. Changeant le cours de la conversation, Morilo poursuit :

— J'ai été surpris de voir les textes avec lesquels Bernard travaille. Ils sont magnifiques et je pense que beaucoup devraient les connaître.

Je crois qu'eux aussi doivent suivre un nouveau destin, briser les frontières et atteindre les mains de ceux qui, aujourd'hui, ne croient en un Dieu qu'à travers des symboles et des images mythologiques, des cultes incompréhensibles, des lois massacrantes ou quelqu'un de tellement supérieur qu'il ne respecte pas sa propre création. Mon rêve est de voir les gens lire et comprendre un Seigneur digne, juste et bon. Ainsi, ils pourront alors choisir leur chemin avec raison et amour pur.

—Je suis d'accord avec toi — dit Antoine—. Nous avons beaucoup d'amis en Europe qui les attendent avec impatience. Et puis, pourquoi nous laisser seuls ? Nous devrions les distribuer comme le faisait mon père. Nous pourrions créer une chaîne sécurisée d'informateurs. Je suis sûr que beaucoup contribueraient avec nous.

—Je partage vos idées — a déclaré Morilo avec intérêt.

—Même si l'Église s'y oppose, nous pouvons créer un moyen de diffusion sûr. Je ne peux pas imaginer que la lucidité de notre ami Bernard soit réservée à lui seul ou à un petit groupe comme nous.

Bernard baisse la tête et écoute le dialogue des jeunes sans les interrompre. Cecile s'est approchée de Felipe, constatant son silence, et lui a dit :

— Ils viennent de se rencontrer et semblent être amis depuis longtemps. Il y aura un moment opportun pour cette distribution. Mais il faut d'abord terminer les traductions. Nous devons nous rappeler que beaucoup de morts ont déjà eu lieu au nom de Jésus, et que l'œuvre de Bernard est soutenue par la paix sans guerre et sans folie. Soyons patients.

— Mes chers— dit Bernard—, tout va bien. Les jeunes pour avoir voulu distribuer ces révélations et Cecile quand elle évoque la patience. Je ne veux pas que nous commencions une bataille sanglante au nom du Seigneur. La nouvelle phase du christianisme viendra quand les esprits seront prêts à recevoir ces révélations et d'autres. Ne soyons donc pas pressés, et c'est ce que je vous demande à tous. Dans le passé, mes écrits ont été utilisés pour soutenir des idées qui ont abouti à des batailles et à des morts — Avec les yeux brillants et enthousiastes poursuit :

—Croyez-moi, je n'ai jamais voulu que cela arrive et je veux maintenant être plus prudent.

Ne me considérez pas comme un égoïste qui ne veut apporter à mon esprit que la sagesse qui a été temporairement placée entre mes mains. Je suis conscient de l'ampleur de ce travail. La vieillesse nous rend mous et complaisants, mais elle ne nous transforme pas en lâches. Nous ne pouvons pas devenir des lâches. Nous devons attendre le bon moment pour commencer cette distribution.... "Aucun de nous ne vit et aucun ne meurt pour lui-même, car si nous vivons, nous vivons pour le Seigneur, et si nous mourons, nous mourons pour le Seigneur. C'est pourquoi, que nous vivions ou que nous mourions, nous appartenons au Seigneur".[20]

Le silence était inévitable. Tenant compte des paroles de Bernard, sans plus attendre, ils ont continué à parler des activités de la nouvelle journée.

∞ O ∞

Morilo a commencé son travail d'éducation et une grande amitié s'est forgée entre lui et Antoine, tandis qu'Inarus restait à ses côtés pour le soutenir dans son travail. Suivant les traces de Bernard, indépendamment de l'église, ils apprennent tous deux à lire et à écrire aux villageois. Un bastion de penseurs et de philosophes se forme à nouveau et, à l'insu des religieux, des

---

[20] Romans, 14:7-8. (N.A.E. Ferdinando)

réunions secrètes se tiennent pour discuter de sujets chrétiens interdits par l'Eglise.

Pablo, fils de Ramirez et de Laila, aime les jeunes hommes, en particulier Antoine, et reste à leurs côtés comme un apprenti qui suit les traces d'un maître.

Ce soir-là, Felipe, dans la véranda, a dit au revoir à un malade qui venait d'être soigné par lui. Cecile le regarde avec une extrême affection. Quand elle s'est rendue compte de sa présence, le médecin l'a serrée dans ses bras. Elle lui rendit la pareille avec passion et lui dit :

— Regarde, Bernard a fini de traduire ces textes et m'a demandé de les apporter pour que tu puisses les voir.

Pendant ce temps, Yasir et Catarina s'approchent. Felipe, sans attendre, commence à lire :

"Pierre, Matthieu et Jean Entre le doute et la foi[21]"

Les jours avaient passé après la crucifixion du Christ. La Palestine était en proie à divers conflits et tous ceux qui avaient suivi le Maître et lui avaient prêté serment dans la force de la lumière et dans ses sages

---

[21]Ce texte, intitulé "Les derniers moments de Barthélemy lors d'une journée avec Jésus", n'a pas de date précise de rédaction. D'après tous les manuscrits avec lesquels nous avons travaillé pour préparer cet ouvrage, et avec l'aide de nobles frères de mon monde, qui ont une profonde connaissance du christianisme primitif, nous le datons approximativement du premier siècle de notre ère. Ces manuscrits ont circulé en Orient et en Europe, lorsque les apôtres Barthélemy, Felipe et André ont traversé ces régions. (N.A.E. Ferdinando)

paroles de lumière se taisaient dans la crainte et étaient prisonniers de leurs propres peurs.

Bartolomé, perdu dans ses pensées entre continuer ou ne pas suivre les chrétiens, alla chercher auprès de son ami Pierre le courage de résister aux offenses, au scandale qu'il recevait et, surtout, la force d'affronter les conflits qui commençaient entre les disciples du Chemin (...) Même ceux que Jésus avait choisis ne se comprenaient pas, et les divergences les éloignaient les uns des autres (...)

- Matthieu : Pierre, Pierre, cela vaudra-t-il la peine de faire tant d'efforts et de renoncer au nom du Seigneur ?

- Pierre : Une division s'est installée parmi les disciples du Christ. Ceux qui prétendaient être des disciples éternels du Seigneur se manifestent de manière dogmatique et de nombreux credo sont déjà mêlés à la pureté de la sagesse de Notre Maître. Il nous appartient de ne juger personne (...)

- Matthieu : Même si nous partageons nos inquiétudes et nos incertitudes, nous devons fortifier notre foi. Nos yeux s'obscurcissent lorsque des obstacles se dressent devant nous, lorsque nous perdons ceux que nous aimons ou que nous sommes séparés d'amis que nous pensions fidèles à la cause. Ceux à qui nous avions confié l'espoir sont partis et nous nous retrouvons seuls. Nous porterons dans notre cœur la question : cela vaut-il la peine de faire tant de sacrifices ? Nous prions le ciel pour obtenir des réponses, mais il ne nous envoie que le silence (...)

Pendant qu'ils parlaient, Jean priait avec ferveur :

- John : « Kathiath »[22], après avoir tant cherché tes pas, je me suis retrouvé ici, dans le silence de ma solitude. Après ton départ, j'ai marché partout sur la terre, cherchant Ta faveur et confirmant ma foi (...) Jour après jour, je me suis demandé si tous les efforts que je faisais étaient suffisants et valaient la peine d'être faits. Aujourd'hui, je sais que pour tout ce que j'ai fait, il n'y a pas même un doute de repentir, mais la

---

[22] Kathiath : " Mon Seigneur " (N.A.E. Ferdinando)

certitude que les générations à venir entendront ta parole et trouveront dans ta lumière divine la force de recommencer (...) Celui qui pleure sur la tombe aura la certitude que la vie continue ; celui qui lutte, même affaibli, trouvera la force dans la foi. Quand tout sera perdu, voici que le Seigneur apparaîtra vivant et rayonnant, illuminant toujours les mots traduits par le cœur de tant de personnes. Aujourd'hui, je sais combien je t'ai cherché, mais le Seigneur était dans mon cœur ; reçois donc la force de ma gratitude.

Jean : « Kathiath », après avoir tant cherché tes pas, voici que je me retrouve ici, dans le silence de ma solitude. Après Ton départ, j'ai marché partout sur la terre pour chercher Ta faveur et confirmer ma foi (...) Jour après jour, je me suis demandé si tous les efforts que je faisais étaient suffisants et valaient la peine. Aujourd'hui, je sais que pour tout ce que j'ai fait, il n'y a pas même un doute de repentir, mais la certitude que les générations à venir entendront ta parole et trouveront dans ta lumière divine la force de recommencer (...) Celui qui pleure sur la tombe aura la certitude que la vie continue ; celui qui lutte, même affaibli, trouvera la force dans la foi. Quand tout sera perdu, voici que le Seigneur apparaîtra vivant et rayonnant, illuminant toujours les mots traduits par le cœur de tant de personnes. Aujourd'hui, je sais combien je t'ai cherché, mais le Seigneur était dans mon cœur ; reçois donc la force de ma gratitude. »

— Mes amis— dit Yasir— ces textes m'étonnent chaque jour davantage. Morilo et Antoine sont très impatients de commencer la livraison. Bientôt, nous ne pourrons plus contenir leur élan.

— Je suis d'accord avec vous— a ajouté Felipe. Nous savons que cela signifie que nous devrons faire face à de nombreuses personnes et que nous pouvons déclencher une petite guerre. Je suis persuadé qu'en temps voulu, nous ferons de notre mieux avec ce travail, mais pour l'instant, respectons l'état de santé de Bernard. Dans mes conversations avec lui, je sens qu'il craint le sort de son travail. Faisons confiance aux desseins du Seigneur et attendons encore un peu.

— Mon amour, — dit Cecile— ne vous fâchez pas. Nous devons remettre nos craintes au Seigneur, car nous sommes en sécurité avec Lui. De plus, nous sommes vigilants et nous gardons confidentiel tout ce que nous faisons ici.

Au fil des heures, les cœurs sont restés dans l'expectative.

Chapitre 7

Cecile et les communications avec l'occulte

La résidence des médecins vivait dans une atmosphère de calme et de joie. Felipe et Cecile ne cachent pas l'amour qui, comme le parfum d'un printemps inoubliable, donne une couleur particulière à leurs vies. Pour la première fois, le médecin éprouve un sentiment réel et mûr qui correspond à la force du cœur pur de la femme qui représente pour lui la lumière et la guérison de ses blessures du passé.

Cependant, les jours de Bernard sont douloureux. Cette nuit-là, une forte crise massacra son corps. Felipe et Yasir se sont relayés pour répondre à tous ses appels. Quelque temps plus tard, ayant surmonté les difficultés, il se repose sereinement.

La modeste pièce est enveloppée d'une paix sublime, tandis que tous veillent auprès de leur ami, essayant de partager sa petite souffrance.

Soudain, Cecile, comme enveloppée d'un sommeil fort et serein, se met à prononcer quelques mots lucides, comme si quelqu'un d'autre le faisait à sa place.

Antoine, habitué à de telles démonstrations, parlait avec elle et priait avec confiance. Tout le monde assiste, stupéfait, à la scène. Quelques instants plus tard, Cecile revient à elle sans les souvenirs des derniers événements.

Bernard, émerveillé par ce qu'il avait vu, dit :

— J'ai beaucoup voyagé au cours de ma vie et j'ai été témoin d'événements semblables à celui que nous venons de voir — Il poursuit en réfléchissant :

— Je comprends maintenant la lettre de Jacques lorsqu'il parle de sa fille. Alors qu'elle restait dans cet « état de transe », elle racontait des passages de la vie de Jésus-Christ avec une clarté étonnante. C'était toujours comme ça ?

— Oui, il a longtemps été la « médiatrice » de ces manifestations. Mon père a étudié autant qu'il le pouvait pour comprendre ce qui arrivait à ma sœur. Ensemble, nous avons appris à vivre avec et, par amour pour elle, nous lui avons permis de communiquer avec l'occultisme.

— Jacques a-t-il enregistré toutes les paroles qu'elle a prononcées?

Antoine se retire silencieusement et revient quelques instants plus tard en tendant à Bernard des écrits ayant appartenu à son père:

— Oui, pendant de nombreuses années, mais malheureusement beaucoup de documents ont été brûlés. Voici quelques-uns de ceux que nous avons réussi à sauver.

— J'arrive à la fin des traductions et je me rends compte qu'elle a parfaitement dit beaucoup de choses qui semblaient compléter ce que j'ai écrit jusqu'à présent et les extraits que je n'ai pas pu traduire. Croyez-moi, ces pages complètent les textes que je traduis.

— Nous vivons dans un monde plein de préjugés, soumis à des dogmes religieux, à des croyances et à des superstitions — explique Catarina.

— Nous pouvons préparer un environnement favorable afin qu'elle soit bien protégée et qu'elle puisse se rendre disponible pour être la « médiatrice » des esprits— a déclaré Antoine—. De cette manière, nous pouvons continuer à collecter ces informations pour les diffuser à l'avenir.

—J'avoue que j'ai été surpris par ce que nous avons vu. - dit Bernard avec chaleur. Il poursuit en regardant à Cécile :

— Tu es spéciale et, pour des raisons que nous ignorons, nous avons été choisis pour transmettre ces révélations à un grand nombre de personnes. Lorsque nous revenons à une nouvelle vie, nous n'oublions jamais nos apprentissages passés. Grâce à cette "transe", lorsque quelqu'un a parlé à travers toi, je serai en mesure d'achever le travail que j'ai commencé et de laisser cet héritage entre tes mains. C'est pourquoi, tant que le souffle de vie habite ton corps, n'interromps pas et ne tais pas ce que tu fais avec grandeur, innocence et pureté. Ce qui est sorti de tes lèvres, ce sont bien les enseignements de Jésus, qui nous sont rendus à travers lui.

Pendant que chacun exprime son opinion, Felipe reste pensif. Après quelques instants, il s'approche de Cecile, silencieusement, et l'échange de regards révèle leur complicité du moment. Fermement, il lui prend les mains, les baise et intervient :

— J'ai peur pour vous. Je ne laisserai rien t'arriver.

Je ne peux pas faire abstraction de mes inquiétudes.

— Chère, je ne ressens aucune douleur dans mon corps, et je n'évoque pas les souvenirs des événements lorsque ces épisodes se produisent. Bien que je ne sois pas maître de cet exploit, mon père m'a appris à me discipliner. Avec la force de la prière, je me sens protégé, ce qui permet à mon âme de s'y endormir. Puis, comme plongé dans un profond sommeil, je suis emporté dans une extrême ouverture céleste en partageant mon esprit avec ceux en qui j'ai confiance et que j'aime tant, un amour qui m'accueille dans les bras d'amis en qui je sais que je peux avoir confiance... Ainsi, nous sommes une seule pensée, un seul sentiment et une seule voix.

D'une voix hésitante, il poursuit :

— Je me donne entièrement et, dans mon cœur, je suis conscient qu'il s'agit d'une tâche liée à Jésus, dont je ne peux me passer. Je sais que je me sentirai plus en sécurité à tes côtés. Mais si nous croyons que nous ne mourrons pas, pourquoi craignons-nous maintenant l'invisible ?

Avec beaucoup d'affection, le médecin l'a serrée dans ses bras, l'a embrassée sur le front, l'a contemplée profondément et a dit :

— Parfois, j'ai l'impression que nous avons tant lutté pour être ensemble. Maintenant que je suis avec toi, la peur de te perdre hante mon âme. Je vaincrai mes peurs, je chercherai dans l'éducation et dans ma foi des réponses à mes doutes les plus profonds. Si nos ancêtres ont besoin de parler à travers toi, nous nous préparerons et je prierai le Seigneur pour qu'il ait la sagesse de te comprendre à ce moment-là, en soutenant pleinement ces manifestations. Je ne m'opposerai à rien. Je serai avec vous et vous aiderai aussi longtemps que nécessaire. Nous maintiendrons la confidentialité et poursuivrons le travail qui nous a été confié.

Elle, avec un large sourire éclairant son visage, a dit :

— Mon cher, d'une manière très spéciale, je savais au fond de moi que vous acceptiez ces faits. Crois-moi, je remercie chaque jour le Seigneur de t'avoir trouvé, s'il n'y avait pas ton amour, ton attention ou simplement ton regard, je me demandais même si cette existence vaudrait la peine d'être vécue sans toi. Chaque jour, je me réveille en ayant envie, oui, juste que la journée ne se termine pas, parce que je crains de m'endormir et de me réveiller sans te trouver à mes côtés.

— Et je suis béni— a ajouté Felipe— .Tu m'as appris à vivre et à vouloir continuer. Tu as ramené la lumière dans mon existence et m'as ôté la peur du noir. Tu as éclairé mon chemin avec amour et grâce à lui, je me sens en sécurité. Si le bonheur peut se traduire, pour moi il s'appelle Cecile...

∞ O ∞

La nuit se déroule sereinement, comme toujours, tandis que les cœurs continuent de parler pour comprendre les événements, les références liées à Cecile.

Le lendemain soir, tous se retrouvent dans la chambre de Bernard.

Une paix intense et sereine envahit l'humble atmosphère. Antoine et les autres s'assoient et prient tandis que Cecile, dans une stupeur passagère, est enveloppée par une voix sublime qui dit :

« *Aspects de la vie quotidienne — Dialogue de Pierre avec Jésus.*

Réflexions sur l'existence d'autres vies.[23]

Cette nuit-là, dans la maison de Pierre, fils de Jonas, le parfum de Jésus-Christ est distribué à ses disciples, des hommes et des femmes ordinaires en quête de chaleur et de lumière. Assis sous le porche, Jésus, même avec un visage fatigué, était toujours prêt à élucider ces enfants de

---

[23] La première édition originale de ce texte a été trouvée vers l'an 300 dans la région de l'Inde par un groupe de chrétiens qui évangélisaient ces lieux. Pour cette histoire, nous soulignons que nous traduisons ces lignes à partir de l'original cité ici, en profitant de la préservation de son authenticité (N.A.E. Ferdinando).

Dieu confrontés aux difficultés de la vie quotidienne. (...) Soudain, la voix de la belle-mère de Pierre se fit entendre :

- La belle-mère de Pierre : Pierre, tu es paresseux. Depuis la venue de Jésus-Christ, tu n'as pensé qu'à accepter les fantaisies qu'il a faites. Où sont les provisions minimales pour la subsistance de ta famille et de cette maison ? Tu as oublié les devoirs d'un mari (...)

Pierre, rempli de rage, lui rendit la pareille. Comme elle continuait à fulminer, Pierre se calma et s'approcha de Jésus pour le protéger, mais le Maître resta silencieux. Cependant, le conflit entre un humble pêcheur et un homme grossier s'installe dans son âme.

- Pierre : Des malheurs cachés hantent cette maison. Je dois trouver un équilibre dans ma foi. Comment continuer avec le "Maître" si la vie d'un bien-aimé m'appelle à la raison et à la responsabilité, et que la foi qui règne en moi parle plus fort ?

Avec simplicité, la femme de Barthélemy embrasse le pêcheur et lui dit:

- Ruth[24] : Pierre, nous sommes souvent invités à chercher d'autres segments de vie. Dieu, dans son infinie miséricorde, nous a placés de manière temporaire et missionnaire parmi les cœurs malades pour qu'ils grandissent à leur tour et nous donnent ainsi l'équilibre en nous-mêmes. Nous ne devons pas permettre à nos lèvres de prononcer des mots lâches qui manifestent un mécontentement à l'égard de ceux qui partagent le voyage avec nous. Laissez-moi partager vos peines pour soulager votre cœur. Mais faites taire la voix de la colère et faites savoir à votre cœur que celui qui vous offense est aussi une âme tourmentée qui a besoin de soutien et de lumière. Celui qui nous juge a aussi besoin de notre attention Dieu, souvent lorsque nous regardons et pointons les défauts à l'extérieur, nous

---

[24] Par souci de cohérence avec le livre Psaumes de la Rédemption et pour répondre à la demande particulière de cet ami éternel, nous attribuerons le nom de Ruth à l'épouse de l'apôtre Barthélemy (N.A.E. Ferdinando).

écrivons nous-mêmes sur les pages de notre vie les imperfections qui nous habitent encore. S'il n'y a pas de poisson sur la table aujourd'hui, il y a de la foi dans ton cœur, il ne manque certainement rien.

- Pierre : Béni sois-tu ! J'aimerais avoir une compagnie comme la tienne, mais le martyre m'est réservé. Je pleure parce que je sais que sur mon chemin, je marcherai seul.

- Jésus : Regardez la simplicité des oiseaux du ciel, car ils volent librement et sont dignes de la beauté de Dieu. Ils se reposent dans leur nid, réconfortés parce qu'ils savent qu'en dehors de la nécessité de voler et de se nourrir, sans la foi, ils ne sont rien. Ils tissent avec ce qu'ils ont, ils construisent avec de la boue, ils hébergent leurs enfants dans la chaleur de leurs plumes.

Ils sont heureux parce qu'ils ne s'inquiètent pas du lendemain, mais ils ne vont pas au-delà du nécessaire. Ils respectent et partagent ce qu'ils ont : le ciel. Celui qui cherche le royaume des cieux comprend le pourquoi des plus petites causes de la vie et se rend compte que dans la famille se trouve la première école de transformation. Nous sommes les enfants de nombreuses vies déjà vécues. La difficulté de vivre ensemble est le reflet d'un conflit passé qui demande aujourd'hui à être régénéré.

Mais avant d'être des épouses, elles ont été des filles (...) Avant d'être des filles, elles ont été des épouses (...) *Avant d'être des maris, ils ont été des fils et avant d'être des fils, ils ont été des maris. Et la certitude de la miséricorde de mon Père qui comprend que dans le foyer est exposée l'opportunité de recommencer. Il appartient à chacun de la saisir ou non. La justice de la réincarnation est bénie et donne de la lumière aux ombres, de l'équilibre aux sages et renforce la foi de ceux qui croient avec raison.*

Même fatigués de vivre de nombreuses vies, mais victorieux d'avoir rempli leurs missions, ils retourneront au Père, certains d'avoir trouvé l'espoir de renouveler leur univers intérieur (...).

Quand ils se lasseront de battre des ailes, vous verrez que mon père tendra ses mains et, dans le nid de son amour et de sa compréhension, il offrira son cœur plein et juste, et amènera bientôt à lui ceux qui aujourd'hui semblent loin de la réalité que j'apporte dans mes paroles, parce qu'il sera toujours béni celui qui regarde les oiseaux dans le ciel, mais aussi celui qui a le courage de voler leurs vols et de trouver dans l'espérance du destin la certitude d'un monde meilleur à travers non seulement leur cœur mais l'univers (...).

Pierre, alors que ton chemin est plein d'indécision et que ta foi est fragile, tes oreilles écoutent toujours les voix des hommes. Il te faudra de nombreuses vies pour me comprendre, mais quand tu auras la foi, tu croiras à la force de ton cœur. Alors, tu dois t'élever avec confiance, en comprenant ce qui est différent. Quand tu seras prêt à renoncer à moi, j'attendrai toujours ton nouveau départ, car mon amour pour toi fera taire ta peur. »

Cecilia est revenue à elle. Bernard n'a pas caché son étonnement et sa stupéfaction, il a dit :

— Mes amis, bien que nous n'en connaissions pas les raisons et que nous ne le méritions même pas, nous avons été gratifiés par Jésus. Croyez-moi, tout ce qu'il a dit se trouve dans ce papyrus.

En leur montrant toutes les similitudes entre les mots, avec ce qu'il a réussi à écrire, et les textes originaux, il semblait que les deux pages se complétaient et ne faisaient plus qu'un.

Felipe, aux côtés de Cecile, la prend dans ses bras comme pour la réconforter, bien qu'il ne comprenne pas tout à fait ce qui s'est passé.

—Mon père— dit Antoine— disait que, selon la croyance indienne, elle est le pont de communication entre les vivants et les morts, ce qui fait partie de cette culture. Les gens comme elle, dans ces régions, sont appelés « médiateurs ».

—Nous ne devons pas oublier qu'en Occident, où nous vivons, il s'agit de sorcellerie—a déclaré Yasir—. Il vaut donc mieux garder ces événements pour nous.

—Je suis d'accord avec le cousin— dit Felipe—. Désormais, nous devons tous étudier ces concepts afin d'aider Cecile. Nous ne devons pas nous exposer, mais nous discipliner afin de ne pas être victimes d'opportunistes de ce monde ou de l'autre ou de rencontrer des cas similaires à la folie que nous avons déjà tant côtoyée.

—Cousine —dit Catarina— tu as toujours été très rationnel. Notre résidence a toujours été impliquée dans des événements inhabituels. Nous suivrons correctement vos instructions pour ne pas nuire à Cecile.

Bernard a joyeusement interrompu la conversation et a prié :

—Seigneur Jésus, apprends-nous à comprendre l'inconnu, à rendre grâce en ton nom, en accomplissant avec justesse ce qui est aujourd'hui la vérité de notre vie. Offre-nous la chaleur de ta sagesse et de ton amour patient, afin que la peur ou les doutes ne nous empêchent pas de te suivre. Permets-nous de réviser nos concepts médicaux et nos pensées justes, afin que, par nos actions, nous puissions construire fidèlement une vie, non pas d'illusions, mais une vie réelle et établie dans le but d'une vraie foi, que nous ne connaissons pas encore.

Chapitre 8

La reproduction et la distribution des écrits

Ce soir-là, Morilo était plongé dans ses études, assis sous le modeste porche, quand Antoine s'approcha de lui et lui dit :

— Ami, je m'inquiète du sort de ces écrits. Je respecte Bernard, mais il faut commencer à diffuser les textes et ceux que Cecile nous a apportés par le biais de l'occultisme. Bien que je garde mon anxiété, croyez-moi, mon cœur est en train de vivre une lutte intense. Je ne supporte plus de faire face à tant d'atrocités. Mon silence me rend complice de ce que je réprouve tant, l'injustice.

— Partout où je suis passé au cours de mes quelques voyages, j'ai relevé les traces des horreurs pratiquées par des hommes se réclamant de la voix de Dieu. De jeunes écrivains ont eu les mains arrachées sous prétexte d'avoir été utilisés par les forces de l'ombre car seuls ceux qui peuvent manifester l'écriture sont membres du clergé. Des femmes ont été torturées à mort sous prétexte qu'elles étaient belles ou qu'elles possédaient des "dons" qu'aucun sage n'a encore comprises. Je ne renie pas le Créateur, mais le Seigneur mon Dieu, en qui je crois, n'est pas un tyran qui permet à des hommes ordinaires de s'ériger en dieux sur terre, en faux anciens ou en faux prophètes. Je partage avec vous vos idéaux de justice. Je vous aiderai par tous les moyens à permettre aux penseurs de s'exprimer librement et je ferai ce que je peux pour les défendre.

— Je savais que je pouvais compter sur vous. Nous allons parler à Bernard, Felipe et Yasir. Nous allons commencer à reproduire les textes et les distribuer sans exposer qui que ce soit.

En parcourant quelques écrits, Morilo en choisit un parmi d'autres et dit :

— Chaque jour où mes yeux se posent sur le travail de Bernard, j'avoue que je suis frappé par une grande émotion. Regardez ces mots:

« *Felipe et ses craintes*[25]

Ce soir-là, alors que tous étaient fatigués par les activités communes auxquelles ils se livraient, notre Seigneur Jésus-Christ s'assit un moment sur les marches de la maison de Pierre, cherchant à se reposer. Il était en train de délier ses sandales et d'en ramasser le sable, lorsque Felipe s'approcha :

- Felipe : Maître, je suis plein de doutes et de craintes. Je connais les lois de Moïse et tes paroles. Je ne me sens pas prêt à mettre en pratique tes enseignements et je ne pense pas en être digne. De plus, j'ai des filles et une femme, comment la foi peut-elle l'emporter sur mes responsabilités familiales qui exaltent mon âme ?

- Jésus : Fortifie ta foi. Ton esprit repose encore sur les lois qui m'ont précédé et qui sont conservées dans le Temple. Libère et modifie ta façon de sentir, afin que tu puisses ressentir la paix de mon amour et que ta famille reçoive de mon Père les lumières de son réconfort. Mon

---

[25]Ce texte a vu le jour, selon son original, en l'an 3 de notre ère et a été diffusé dans toute la région de Babylone, d'Égypte, d'Alexandrie, c'est-à-dire dans l'étendue des terres de Darius (N.A.E. Ferdinand).

royaume n'est pas pavé de marbre ni de la pourpre des Césars. Je ne suis pas venu apporter la discorde, mais l'enlever du cœur des hommes. Il s'établit dans le cœur et l'esprit des hommes, ceux qui se convertissent en partenaires à part entière. Bienheureux ceux qui mettent de côté les moindres causes et ne s'excusent pas auprès de Moi, en attribuant au temps la limite de leurs actes....

Avec des doutes, ils abandonnent tout ce qu'ils ont choisi pour les choses de la vie passagère (...) Ils apprécient la vie matérielle plus que les choses de l'esprit.

Tant qu'ils se tourneront uniquement vers les causes des apparences, vers l'immédiateté, cherchant des réponses toutes faites pour ne pas avoir à réfléchir, ils cultivent un royaume de ce monde. Je parle d'un renoncement équilibré qui, dans chaque témoignage qu'il défend, trouve le courage de continuer.

La transformation des enfants de Dieu est lente, mais elle se poursuit. Dans chaque foyer, il y a une possibilité de maturation céleste ; celui qui ne pille pas, ne charge pas, n'impose pas, mais attend et enseigne, divise, en comprenant la limite de ceux qui sont sous le même toi ».

Tandis que le chant des oiseaux égayait le petit jardin coloré qui séparait la scène, les jeunes gens discutaient joyeusement au milieu des rêves et des projets pour enfin commencer la distribution tant attendue des textes.

Pendant que le chant des oiseaux égayait le petit jardin coloré qui séparait la scène, les jeunes gens discutaient joyeusement au milieu des rêves et des projets pour enfin commencer la distribution tant attendue des textes.

Ce nuit-là, deux jours plus tard, après le dîner, dans le grand salon, Catarina et Cecile servent le repas pendant que les hommes poursuivent leur conversation. Détendu, Antoine dit :

— Je pense que le moment est venu de commencer à préparer des copies et à distribuer les textes traduits de Bernard. J'ai beaucoup d'amis dans cette cause qui pourraient nous aider. De plus, ils respectent beaucoup le travail de notre ami français. Certains d'entre eux attendent déjà l'arrivée de ces textes pour renforcer le mouvement auquel ils croient tant. Nous ne ferons rien qui puisse exposer qui que ce soit.

– Je partage le point de vue d'Antoine —a déclaré Morilo —. Nous nous sentons prêts à copier. Nous avons déjà de nombreux contacts qui attendent l'arrivée des textes. Nous ne pouvons plus attendre, nous devons commencer ce travail dès maintenant.

—Nous ne pouvons pas nous exposer maintenant— a déclaré Felipe—. Nous parlons beaucoup de ce sujet, mais nous n'avons pas l'intention d'être idiots. Nous voulons diffuser les idées des textes traduits par Bernard, son travail et surtout les notes que nous avons enregistrées par l'intermédiaire de Cecile. Nous devons être prudents et attentifs. Il ne faut pas confondre les désirs politiques avec les opinions religieuses. Depuis que Bernard est venu dans cette demeure, il a toujours affirmé qu'il souhaitait une transformation des esprits sans provoquer de guerre. Crois-moi, je partage les aspirations des uns et des autres, mais j'ai appris à attendre. Et l'attente, ici, ce n'est pas l'inertie, c'est la stratégie, le travail et beaucoup de sagesse.

—N'oublies pas que nous sommes des médecins et que nous avons des engagements liés à notre travail—a déclaré Yasir—. Nous respectons les objectifs des jeunes, mais nous comprenons nos réserves et notre maturité dans la prise de décision.

—Cette attitude passive s'apparente à de la peur— a déclaré Antoine. – Faites-moi confiance et faites confiance à Morilo.

Faisons au moins la reproduction pour pouvoir commencer la distribution bientôt.

— Si nous osons cacher cette information ou si nous ne la réservons qu'à nous-mêmes — a répondu Morilo— on nous demandera d'adopter un comportement inerte face à l'œuvre de Dieu. Nous serons comme ceux qui prétendent respecter les lois célestes, mais qui agissent face à la vie en propageant l'irrationalité et le manque d'amour.

Une brume dense et chaude descendit dans l'atmosphère, venant des lanternes de bougies pour un affrontement. Morilo et Antoine, cherchant à éviter toute perturbation supplémentaire, sont restés silencieux. Réalisant la difficulté du moment, Yasir a dit :

— Je sais que les deux veulent le meilleur pour tout le monde. Tous deux ont une âme pleine de rêves et d'idéaux, comme nous l'étions autrefois—. Regardant Felipe, il poursuit :

— Ne penses-tu pas que le moment est venu de faire au moins des copies, comme cela a été suggéré ?

— Cousin, chaque jour je me pose la même question, espérant peut-être un signe du ciel. Nous sommes trop rationnels, et même si le Seigneur nous envoyait un avertissement céleste, nous ne le comprendrions certainement pas.

Avec un sérieux révélateur, Bernard rompit le silence et dit :

— Ils ont tous raison dans leurs positions, mais je pense que nous devrions commencer à distribuer les textes. Nous sommes peut-être trop réticents, mais je sais que nous ne pouvons pas garder ces deux oiseaux sauvages en cage. Si nous ne les soutenons pas, je suis sûr qu'ils feront des bêtises—dit-il en posant doucement sa main droite sur l'épaule de Morilo et en souriant :

—Si tu promets d'agir avec sagesse, tu peux commencer les reproductions et tu as tout mon soutien.

Les jeunes ne cachent pas leur joie. Ils ressemblaient à des enfants qui venaient de recevoir un cadeau précieux. Enthousiaste, Morilo s'est exprimé :

—Antoine et moi avons déjà contacté des professeurs et des philosophes du Sud, de France et d'Italie. Ils se sont tous rendus disponibles pour nous aider.

Cecile, franchement, est intervenue :

—Pour que nous puissions faire parvenir tout l'effort de Bernard aillent là où ils doivent aller et pour nous préserver et ne pas être découverts, Catarina et moi pouvons faire des miches de pain et à l'intérieur nous pouvons placer les textes en petits morceaux. Nous pouvons aussi utiliser la viande séchée comme moyen de transport. Personne ne se méfiera de nous. D'ailleurs, c'est ainsi que mon père distribuait des livres considérés comme interdits.

—Organisons-nous —dit Bernard —nous ferons tout bien. Je vais envoyer une lettre à Etiene, un philosophe qui est un grand ami à moi et en qui j'ai beaucoup de confiance. Je lui demanderai de venir ici, nous allons donc vous inviter à être notre contact pour commencer la distribution. Nous ne devons pas nous inquiéter ou nous demander si nous avons fait notre part ; le Seigneur ne nous abandonnera pas. Nous allons mettre en place une grande chaîne de distribution pour cette œuvre. Que Jésus soit toujours notre chemin —Il poursuivit en soupirant :

—Christ, Maître de nous tous, nous sommes conscients que vous êtes avec nous. Laisse-nous transformer votre amour en réalisations et dans chaque réalisation, laisse-nous trouver les bénédictions d'un nouveau départ.

Apprends-nous à tolérer les différences, à renoncer sans contrainte et sans frais, et à confier nos cœurs entre tes mains.

Conduis-nous vers le but sans compter le temps qui s'est écoulé, et quand nous nous souvenons du passé, même si c'est avec des larmes, exalte en nous ta sagesse et la force que tu as montrée sur la croix, car c'est ainsi que nous triompherons avec l'empire indestructible de l'amour.

À leur insu, dans l'invisible, des figures illuminées apportent à ces enfants de Dieu la lumière et le courage nécessaires à la réalisation de leurs projets, soutenus par les mains miséricordieuses de Dieu.

Chapitre 9

Le silence du grand penseur

L'état de santé de Bernard annonçait enfin la fin des pages de son histoire.

En cette nuit inoubliable, chacun reste vigilant aux côtés de son ami.

La toux incessante et la fièvre ont peu à peu consumé le corps desséché. Même avec des yeux injectés de sang, l'étincelle dans son regard était toujours là.

Après un moment de sérénité, le vieux Français demande à Felipe et à Yasir de s'asseoir à côté de lui. En leur prenant la main, il leur dit :

—Mes amis éternels. Je sens que la mort n'est pas absente de moi. Ils ont tant fait pour moi, au-delà même de ce que je méritais. Ils ont partagé leurs joies et leurs larmes avec moi, et j'ai trouvé ici la paix dont j'avais tant besoin—. Respirant bruyamment, il poursuit, guidé :

—Si nous croyons à la vie après la mort, nous ne devons pas craindre ce moment ni croire que nous serons absents de ceux que nous aimons. Ils sont des médecins compétents et ils savent que mon heure est venue. Je sais que bientôt je ne serai plus là. Toutes les personnes présentes dans ce manoir était ma vraie famille. C'est pourquoi je voudrais faire une dernière demande.

—Dites-nous ce que vous voulez—a déclaré Felipe avec enthousiasme—. J'espère que nous pourrons répondre à votre demande.

— Continue à distribuer les textes sur lesquels j'ai travaillé si dur. Soit patients même si tu ne veux pas atteindre nos objectifs en ce qui concerne la transformation des gens en lumières de sagesse.

Crois-moi, notre travail n'aura pas été vain, car à l'avenir, lorsque le monde sera mieux préparé, nous recevrons de nombreuses révélations, encore plus grandes que ce simple travail.

— Mon ami— intervint Felipe—, nous ferons ce que tu demandes. J'espère seulement que nous, encore sauvages et imparfaits, pourrons faire ce que tu as demandé.

À ce moment-là, Bernard, même en compagnie de ces enfants de Dieu bien-aimés, savait que le défi d'affronter la mort était une mission individuelle et solitaire. Surmontant les limites qui s'imposaient naturellement à lui, il fixa son regard sur l'infini et, avec difficulté, il dit :

— Je partirai le cœur joyeux, car je sais que les biens précieux de Jésus seront entre de bonnes mains—.En soupirant, il poursuivit :

— Seigneur, je suis conscient que ce sont mes derniers moments dans cette vie, car je ne suis pas digne de Votre miséricorde, c'est pourquoi je n'attends pas de lauriers, mais seulement ta compassion. Je ne prie pas pour moi, mais pour mes amis, ceux qui m'ont été accordés dans cette existence. Fais que chacun accepte votre volonté et qu'au lieu de la tristesse de la mort, les fleurs de la joie s'épanouissent dans leurs cœurs, car je vivrai après la torture de ce corps flagellé. J'ai toujours cru au renouveau du christianisme et dans ce credo, j'ai trouvé Votre lumière en moi.

Je sais que la transformation de ton peuple progresse. Un jour, tous les esprits comprendront la volonté de Dieu et l'amour triomphera. Rends donc les laissés-pour-compte assez forts pour se dépasser et trouver la force et la gloire de la sagesse céleste pour supporter les malheurs qui n'appartiennent qu'à ce monde.

Puissions-nous tous apprendre à écouter sans rébellion—a poursuivi Bernard après une brève pause—, à parler sans malice, à voir avec compassion, à marcher sans douter, à avoir la foi, en travaillant toujours pour le meilleur et avec le meilleur de ce que nous avons dans les écoles de la connaissance qui nous sont si nécessaires, parce que dans chaque coup reçu, c'est un nouveau départ, et dans chaque abandon, le moment de la réflexion sur les raisons de notre solitude.

Devenez des consciences vivantes qui reflètent Votrevolonté, car nous savons qu'aucun jour n'est semblable à un autre, aucune vie n'est semblable à une autre. C'est pourquoi, baignés dans le parfum de Votre lumière, nous exaltons Votre nom et acceptons tous les défis que le Seigneur nous propose, car nous savons que tous les chemins parcourus avec toi nous conduiront toujours à Votre amour...

Après un bref silence, Bernard a regardé Felipe et a dit :

— Lis-moi une page que j'ai traduite. Je veux mourir en écoutant les paroles de Jésus.

Felipe ne cache pas son émotion et répond à son ami :

Les derniers moments de Brathélemy en dialogue avec Jésus[26]

Brathélemy avait été arrêté et, cette nuit-là, après avoir connu les souffrances de la nuit, tandis que d'autres amis se reposaient dans le coin de la cellule froide, lui, s'accrochant aux barreaux qui étaient ses compagnons, seul le souvenir de sa femme bien-aimée lui donnait un accueil temporaire et la paix... En larmes, il prie :

« Cher Seigneur, que votre nom soit béni parmi tous les Césars, les souverains et les empereurs de la terre. Vous êtes le grand Roi de toutes les créatures (...) Laissez-nous nous incliner devant Votre amour fraternel. Lorsque nos cœurs sont enclins au mal et prêts à se rendre, nous vous supplions par vos mains.

Apprends-nous sincèrement à ne pas soupirer une seule plainte, mais à rendre grâce dans la foi pour la vie que nous avons généreusement reçue (...) Accorde-nous un motif suffisant pour nous lever avec confiance sans nous croire plus grands que Votre amour et votre force divine de lumière, afin que nous ayons non seulement la volonté de continuer, mais la certitude que le Seigneur est le but de nous tous. Alors que nos larmes obscurcissent nos yeux, laisse-nous, sereins, comprendre Tes lois. Je vous en supplie, mais avant de comprendre vos lois, apprends-nous à nous aimer et à nous pardonner.

Enfin, accorde-nous quelqu'un pour crier notre chaleur, quand nous n'avons pas la compagnie de ceux que nous aimons, accorde-nous quelqu'un pour nous guider à chaque pas, les enfants de Dieu, l'éducation

---

[26] Ce texte trouve son origine, selon les archives de son original, en l'an 1 de notre ère, et sa paternité est attribuée à l'apôtre Bartholomé

du ciel (...) Nous vous reconnaissons et nous vous aimons comme Rabboni.[27]

Alors, Seigneur bien-aimé, si l'espérance vit toujours dans notre âme déficiente, parce que Vous êtes la source qui nous renouvelle éternellement et nous conduit à Dieu (...) ». Ce n'est que dans les yeux de Barthélemy qu'une lumière apparut. Jésus-Christ, posant ses mains sur celles de Barthélemy, qui tenait les verges, lui dit ainsi :

- *"Fils de mon Père, chaque fois que les hommes doutent de ma présence, voici que je me fais plus présent. Quand une femme pleure de solitude, je sèche ses larmes ; quand un homme se rend compte que tout est perdu, je lui indique un autre chemin et quand la solitude est le compagnon nécessaire des renoncements, je suis en mon nom l'éternel compagnon. C'est pourquoi tout vaut la peine si l'on sait attendre les opérateurs, conscient que le temps a ses lois et ses missions. Le temps construit et ne détruit pas ce qui a été construit par la volonté de mon Père. Ne vous considérez pas comme seuls car je serai toujours avec votre cœur. Ne vous considérez pas comme abandonnés car dans le martyre, je serai celui qui soulagera la douleur de votre corps. Laissez votre cœur reposer entre mes mains afin de ne pas vous égarer sur le chemin qui mène à Dieu. Heureux celui qui, opératif, a attendu jusqu'au dernier moment et n'a pas renoncé à la foi, parce qu'aucune souffrance n'est souveraine à la volonté de Dieu. C'est la volonté de mon Père qui nous oriente toujours sur le chemin du bonheur.*

Lève-toi, connais vos pieds et marche toujours. Ce que vous avez cherché chaque jour de votre vie vous dirige vers mon coeur. Laissez vos larmes entre mes mains car celui qui cherche avec humilité et persévérance le trouve et celui qui le trouve travaille (...) Mon Père est la source première de toutes les existences et n'abandonne jamais personne dans la souffrance éternelle. Il est juste et bon. Croyez-moi, l'amour que vous me dédiez représente aussi des antagonismes : les larmes et l'accueil, la

---

[27]Rabboni : "Fils de Dieu tout-puissant". (N.A.E. Ferdinando)

tristesse et la joie, la croix et le recommencement, la mort et l'opportunité d'une nouvelle vie. Prends donc courage, car l'espoir et la lumière sont le code sacré qui confirme toujours que Dieu vit dans la lumière, qui est le but de notre existence".

À ce moment-là, Bernard soupira pour la dernière fois et, d'un regard franc, dit au revoir à ses amis. Philip et Yasir tentent vainement de le ramener à la vie, mais ils ne peuvent rien faire.

∞ O ∞

Le silence de la nuit et la brise légère flottaient dans l'air, lorsque Bernard, après un long sommeil et libéré de son corps vieilli, rencontra des figures illuminées. Dans la forte lumière bleutée, Maria Alcantara brillait à côté de Monsieur Sancho.

Sereinement, Esteban s'est rendu présent. Lorsqu'il retrouva son ami, Bernard ne put retenir ses larmes et n'hésita pas à le serrer dans ses bras. Avec émotion, il dit :

—Je sais que je suis mort, mais le bonheur de les retrouver m'a ôté tout malheur.

—Mon cher ami, en ce moment, notre temps est compté. Nous sommes venus au nom de Jésus, nous répondrons aux questions que vous avez adressées au Seigneur concernant le travail que vous faites avec les textes que vous avez entre les mains.

—J'ai tellement de soucis à me faire. Comment partir maintenant ? Je ne savais pas pourquoi ces papyrus m'étaient parvenus !

—Ces textes ne vous sont pas parvenus par hasard—a déclaré Marie Alcantara—. En ce moment, tu ne te souviens pas de ton propre passé, mais tu les connais déjà. Le moment est venu de récupérer les enseignements que Jésus a laissés parmi nous et qui ont été supprimés des Évangiles. Ici, de l'autre côté de la vie, un mouvement de restauration des soi-disant exclus est en train de s'organiser et vous et tous ceux de la résidence de Felipe avez également été choisis. Tu étais responsable de la traduction, notre chère Cecilia de la communication avec nous et, pour les autres, de la distribution. Nous ne devons pas craindre demain ni douter de notre mission devant le Créateur. Tu as honoré le nom du Seigneur et aimé les lettres qui vous ont été confiées. Ils devraient arriver bientôt dans le futur, quand les gens seront mieux préparés à les connaître.

—Je crains pour Morilo et Antoine. Ils sont jeunes, impatients et avides de changement, tout comme je l'ai été. Pourtant, ils veulent que tout se passe bien, même s'il faut se battre.

—Nous connaissons les jeunes plus que tu ne peux l'imaginer. Antoine porte l'esprit guerrier de tant de vies, c'est pourquoi il a été chargé de distribuer ces enseignements. Ne pas oublier que pour transformer, il faut souvent le feu de la destruction pour commencer une nouvelle construction. Malgré cela, nous serons à ses côtés, respectant son jugement pour qu'il apprenait à toi battre sans armes, mais avec compassion, même si vous n'apprend pas dans cette vie, il lui en sera donné d'autres pour qu'il puisse remplir la mission d'instruction, d'action et de transformation, fondée dans la paix.

— Qu'en est-il des autres ? De quoi cela aura-t-il l'air ? Felipe est un homme à la réputation immaculée et juste, et son silence traduit notre insécurité quant à ses actions.

— Ne t'inquiète pas pour lui— intervint Esteban—. En fait, dans le passé, il était un grand connaisseur des arts de la guerre, du combat et des armes. Quand je suis arrivé ici, après m'être fortifié l'esprit, dès que j'ai eu l'autorisation, j'ai été à ses côtés, avec d'autres amis, pour essayer de le maintenir serein et lucide dans ses fonctions.

—Cecile... Je n'ai jamais rencontré une femme comme elle. J'ai été heureux quand elle et Felipe se sont rencontrés. Ensemble, ils semblaient ne former qu'un seul cœur, tout en habitant deux corps différents. Sa manière particulière, sa gentillesse et sa simplicité de vie l'ont rendue présente en chacun de nous —a déclaré Bernard.

— Elle est très spéciale pour nous— poursuit Esteban—. Dans toutes ses existences, elle ne s'est pas attachée aux apparences des êtres ou des choses.

Elle a appris à lutter avec foi, persévérance et patience, en servant Jésus comme « médiatrice », en utilisant son amour pour la cause chrétienne comme outil de travail. Elle a toujours été l'équilibre de Felipe, c'est pourquoi ils ont été autorisés à vivre cette union des cœurs qui a subi des séparations difficiles pendant si longtemps.

— J'ai été surpris de découvrir la manière précieuse dont se maintient le contact avec un monde invisible.

— Avec le temps, tu te souviendras de la manière dont nous avons procédé dans notre travail avec ce précieux moyen de communication avec ceux qui sont restés sur Terre. Depuis les temps anciens, il a toujours été mis à la disposition de Jésus pour l'aider dans son travail. Ainsi, à travers vous, en utilisant le système nerveux, nous pouvons réfléchir à vos pensées et parler à travers votre voix.

—Il n'y a pas de communication sans un point d'union, d'harmonie et d'affinité entre les parties existantes entre le monde physique et le monde invisible. L'un complète l'autre, comme le bleu du ciel, les eaux, les océans, la terre, la nature, l'air et la vie. C'est pourquoi cette manifestation n'a lieu qu'entre le médiateur et nous, qui habitons le monde invisible, parce qu'il existe un lien d'amour, de travail et, surtout, d'engagement envers le christianisme. Nous ne le faisons jamais pour donner des illusions ou pour rendre l'esprit fou avec des fantaisies personnelles.

—Ce que tu dis ne me semble pas nouveau, mais je ne peux pas saisir pleinement cette connaissance—a déclaré Bernard.

—Même si tu ne te souviens pas pour l'instant, tu connais profondément ce médium. Tu sais très bien que dans l'histoire de l'humanité, il y a toujours eu des « médiateurs » — Soupirant, Esteban poursuit :

—Malheureusement, beaucoup n'ont pas compris leurs tâches. Sans notes inutiles, nous constatons, parmi beaucoup d'autres, qu'il y a ceux qui attendent et ne se développent pas, attribuant la responsabilité à l'invisible. Et ceux qui disent croire, mais ne font pas confiance et doutent du Seigneur, transformant la force en inaction ; ceux qui prient passivement, rendant la foi improductive. Ceux qui se mettent à la disposition de Jésus et ne croient pas en eux-mêmes ; ceux qui défendent la vie, mais ne font que la négliger, s'attachant au temps passé, se souvenant du passé, et ne croient pas en eux-mêmes ; ceux qui se mettent à la disposition de Jésus et ne croient pas en eux-mêmes ; ceux qui défendent la vie, mais ne font que la négliger, s'attachant au passé, se souvenant de l'angoisse sans se débarrasser de la tristesse ou des erreurs, empêchant la volonté de Dieu de prévaloir sur tout.

Dans l'avenir, lorsque les esprits seront préparés, ce support sera diffusé. Les médiateurs seront alors suffisamment instruits pour devenir des émissaires vivants du Seigneur et seront conscients que l'échange ne peut exister que parce qu'il y a un passé qui unit les vivants et les morts. Ils confirment ainsi ce que nous voulons désormais garder vivant et qui est la raison de notre combat : la vérité sur la continuité de la vie après la tombe.

—Une paix inexplicable m'emmène à l'intérieur, mais je me sens aussi épuisé comme un voyageur qui a traversé de vastes déserts—a déclaré Bernard.

—Arrête maintenant, adoucis ton cœur et suis-nous. Remis de ce retour, il pourra être utile comme il l'a toujours été— conclu Esteban.

Rayonnant, avec Maria Alcantara et Monsieur Sancho, Esteban accueillit le nouveau venu, l'enveloppant d'amour et de miséricorde. Pendant ce temps, Bernard se reposait sereinement et, sans un mot de plus, ils disparurent dans le cœur du Christ Jésus, au milieu d'une forte lumière.

∞ O ∞

Pendant ce temps, chez Felipe, le silence et les larmes étaient inévitables.

Morilo remarque que sous les oreillers de Bernard, il y a des écrits. Essuyant les larmes d'émotion, il les ramassa, alors qu'il était encore possible de sentir l'amour de ces êtres invisibles qui l'entouraient. Une paix inexplicable enveloppait ces cœurs, transformant la tristesse en baume réconfortant.

Enveloppés d'une forte émotion et de prières, Philip et Yasir ont peu après préparé leur ami pour l'enterrement, conscients qu'à ce moment-là, ils ne pouvaient qu'accepter le silence temporaire du grand penseur.

Chapitre 10

Entre les douleurs de la chair et les malheurs de l'âme

Un matin, Felipe était occupé à mélanger ses herbes, aidé par Yasir. Les deux hommes discutaient avec animation, lorsque l'atmosphère sereine fut interrompue par le hennissement de chevaux.

Sans perdre de temps, ils sont partis à la recherche de ce qui s'était passé. Soudain, ils tombent sur une luxueuse voiture.

Aussitôt, le conducteur aide une vieille femme à descendre, en difficulté à cause de son âge avancé. Elle s'approcha des médecins et ce n'est qu'en marchant qu'il fut possible d'identifier qui appartenait à la noblesse. Après une brève salutation, ils se rendent dans la salle intérieure où Morilo est en pleine traduction et lecture. Catarina lui offre de l'eau pour le rafraîchir du voyage. Elle lui dit, avec le zèle de la langue :

—Messieurs, je suis en paix et je demande la clémence de ce manoir. Je m'appelle Carmen et j'aimerais avoir une petite conversation avec Felipe, le fils d'un certain Esteban.

Felipe s'avança et lui baisa la main droite. À ce geste, la vénérable dame ne cache pas les larmes volontaires qui roulent sur ses joues. Entre deux sanglots, elle dit :

—J'ai appris la mort de votre père et j'ai beaucoup pleuré en son absence.

—Les yeux brillants et profonds, il a continué :

—Crois-moi, tu lui ressembles beaucoup et je sens que ton cœur est également bon et juste, comme le sien. Tu es mon dernier espoir. Je sais que bientôt le Seigneur appellera le moment de ma mort, parce que je me sens épuisé et malade. Mais je ne pourrai pas m'en aller en laissant derrière moi quelqu'un de très cher, jeté aux chacals.

—Raconte-nous ton histoire. — demande Yasir.

—Bien que j'appartienne à la maison de Barcelone, je vis actuellement en Navarre. Ma famille est très influente à la Cour. Malheureusement, nous vivons une période politique et sociale très difficile. La région de Catalogne, et plus particulièrement Barcelone, est contrainte de payer des impôts élevés au profit des intérêts de la couronne et du clergé qui l'aide à maintenir l'ordre religieux afin d'asseoir son contrôle sur ces régions—. Elle marqua une courte pause, s'humecta les lèvres et reprit :

— Cependant, ma fille unique était la compagne d'un homme cupide et méchant appelé Monsieur Cortés.

Il a rejoint l'église et est devenu bourreau. Puis, il y a dix-huit ans, quelques jours après la naissance de mon unique petite-fille, une belle fille que nous avons appelée Nora, ma fille est décédée inopinément. Je me suis donc entièrement consacré à ma petite-fille.

— J'ai entendu parler de Monsieur Cortés. Dans cette région, on connaît bien leur nom, mais nous ne le connaissons pas — dit Felipe d'un ton pensif. Dis-nous : où as-tu rencontré mon père ?

— C'était à la naissance de ma petite-fille. C'est le vertueux docteur Esteban qui lui a donné vie. Depuis, nous sommes devenus de grands amis. Dans les moments où j'avais le plus besoin de lui, il a été mon conseiller et m'a aidée sans faire d'histoires, sans rien vouloir en retour. Avec lui, j'ai pu accepter le comportement différent de ma petite-fille et nous avons vécu en paix, loin de Monsieur Cortés.

Essuyant la larme de souffrance, elle continua :

— Cependant, lorsque Nora a eu dix-huit ans, elle a commencé à agir d'une manière très particulière. Le père l'avait fiancée à un noble de la famille d'Aragon, beaucoup plus âgé qu'elle. C'est ainsi que commença mon calvaire.

— Qu'est-il arrivé à ta petite-fille ? - demande Morilo.

—Nora a une forte personnalité, elle a reçu une éducation assez savante, mais je ne m'attendais pas à ce qu'elle s'intéresse aux idéaux de liberté et d'égalité. À l'insu de tous, elle aidait les plus démunis. — Soupirant, il poursuivit :

—Entre elle et Monsieur Cortés, une grande hostilité s'est installée. Ils ne ressemblaient même pas à un père et sa fille, mais ils semblaient être de véritables ennemis en termes d'idéaux. Elle refuse de tenir sa promesse.

Fou de rage, il jure de se venger d'elle. Il la livre alors à la tribune inquisitoriale, déclarant qu'elle a été prise par la sorcellerie qui l'amenait à parler aux morts.

Sa sentence était d'être emmenée à la Réclusion de Notre-Dame de la Compassion[28], où l'Église garantissait qu'elle serait libérée de l'esprit démoniaque qui la consumait. J'y ai cru, car les religieuses sont réputées pour leur gentillesse et l'endroit où elles se trouvent est comme une retraite d'été.

Mais Monsieur Cortés, un catholique fanatique et vorace, a corrompu illicitement certains religieux et, au lieu de les conduire à leur destination, ils l'ont envoyée à l'Encierro del Arrepentimiento[29]. C'est ce que j'ai découvert en allant innocemment lui rendre visite. Lorsque je suis arrivée à destination, désespérée, personne n'a osé dire un mot. Attristée, mais sans que le sentiment d'abandon n'habite mon cœur, je suis allée partout où j'ai pu.

Je suis donc allée à l'église chercher le réconfort de la prière, où j'ai trouvé une religieuse qui connaissait mon gendre et savait tout de lui. Elle a eu pitié de mon malheur et m'a fait jurer de ne pas la dénoncer sous peine de devoir démissionner de l'ordre. Elle m'a parlé des projets de mon gendre et de l'endroit où se trouvait mon enfant. J'ai fait de mon mieux pour la libérer, mais en vain. Les hommes de ce lieu sont corruptibles et sont dirigés par Monsieur Cortes.

— Qu'attendez-vous de nous ? - demande Felipe.

---

[28] Afin de respecter et de préserver les individualités impliquées dans ces histoires vraies, pour les besoins de ces pages, nous appellerons « Reclusión de la Virgen de la Compasión » un couvent situé dans la banlieue de Barcelone (N.A.E. Ferdinando).

[29] Nous appellerons "Enciero de los Arrepentimientos" la prison située près de Valence, utilisée par le tribunal de la Sainte Inquisition dans cette région où les hérétiques étaient assujettis et soumis à la torture froide (N.A.E. Ferdinando).

— Par l'intermédiaire d'un ami religieux très influent, j'ai réussi à obtenir du pape lui-même qu'il signe une lettre d'indulgence pour la libérer. Monsieur Cortés, sachant que j'avais découvert son plan, et prétendant montrer à la société l'image d'un père consterné, m'a encouragé à aller le chercher. Mais quand ils sont arrivés pour l'emmener, ils ont dit que selon un ordre récemment émis par le Pape, même ceux qui ont reçu l'indulgence ne peuvent être libérés que si un médecin certifie qu'il n'y a aucun danger que l'hérétique transmette une maladie contagieuse à quelqu'un. Ils craignent une prolifération de maladies plus calamiteuses que celles dont nous avons souffert jusqu'à présent.

Prenant les mains de Felipe, il continua :

— Pour l'amour de Dieu ! Sois donc ce médecin et libère ma fille.

Felipe resta dans un profond silence, avec son habituel visage sérieux et méditatif.

Après quelques instants, il dit :

— Madame, ne t'inquiètes pas. Maintenant, je vais aller à Lockdown of Regret (L'enclos de la repentance) et je ferai tout pour la ramener.

En regardant son cousin, il poursuit :

— Je veux que tu restes ici, car un seul d'entre nous peut partir.

— Ce reportage m'a touché au cœur— dit Antoine— Je t'accompagne. Je peux t'aider pour tout ce qui est nécessaire. En plus, j'ai été formé à la défense.

— Madame Carmen, faisons confiance à Jésus, car je suis sûre que nos amis ramèneront votre petite-fille— dit Catarina avec affection—. Viens avec moi, tu mérites une pause pour ton corps et ton cœur.

∞ O ∞

Pendant que les autres vaquent à leurs occupations, Felipe enfilait son manteau, lorsque Cecile s'est approchée :

— J'ai pris quelques dispositions pour que tu n'aies pas de difficultés sur les routes.

Felipe ne détourne pas le regard. Soudain, des larmes marquèrent volontairement les joues de la femme, le médecin l'embrassa passionnément et lui caressa tendrement les cheveux. Excitée, elle dit :

— Je crains pour toi et pour mon frère. Par pitié, promettes-moi que tu reviendras. Loin de toi, je ne serai qu'un mort condamné à la difficile mission qui l'attend.

— Chérie, j'ai eu la grâce de Dieu de vivre à tes côtés. Parfois, je pense que je rêve et j'ai peur de me réveiller et de me réveiller sans toi. Cependant, je sais ce que signifie la prison et je ne peux m'empêcher d'aider une femme innocente. Où que je sois, je vivrai et je reviendrai toujours vers toi, mais maintenant je dois partir.

L'embrassant sur le front, il a continué :

— Je t'en prie, ne t'inquiète pas pour moi.

Cecile, avec affection, a surpris Felipe et a lu un texte qu'elle avait avec elle :

« Petit dialogue de Jésus
et le vendeur Tobias sur le retour à la vie[30]

- Vendeur Tobias : Tu seras bientôt oublié car l'homme ne garde pas ses trésors dans son âme, mais dans ses temples.

---

[30] Ce texte a été traduit à partir de l'original datant de l'an 1 de notre ère et sa paternité a été attribuée à l'apôtre André. Il a été distribué dans toute la région orientale (N.A.E. Ferdinando).

-Jésus : *Tout passera, sauf mon nom. Les hommes terrestres vivent préoccupés par leurs besoins primitifs, par l'accumulation des richesses matérielles, par l'or qui passe, par la robe brodée de lin pur, mais ils oublient souvent Dieu dans sa plénitude. Ils cherchent à parler à beaucoup de mon Père, mais dans leur for intérieur ils sont pleins de doutes, prêts à renoncer à leur foi pour les plus petites choses (...) voulant tant et n'obtenant rien. Combien de fois se sentent-ils seuls, parce que l'égoïsme leur tient compagnie. Mon Père, écoute patiemment les prières de ceux qui prient avec résignation et ordonnent un nouveau départ.*

- Tobias : *Vous avez parlé de plusieurs vies et d'autres commencements. Dis-moi donc, comment vais-je vivre dans chaque vie toutes mes existences ?*

- Jésus : *Même si tu es un enfant de plusieurs vies, il n'y a qu'une seule vie dans chaque incarnation. Et dans chaque incarnation, il y a la possibilité d'être heureux, parce que nous sommes des enfants de Dieu, qui suivent ce que je dis sur le royaume des cieux et la transformation de chaque cœur. (...)*

- Tobias : *Que dois-je faire pour apprendre les choses que vous dites ? Une partie de moi ici, une autre, cependant, dit de l'ignorer et de se remettre au travail.*

- Jésus : *Ce qui est en toi te perturbe. Ne te crois pas seul. Les enfants de Dieu habitent aussi dans l'invisible, ceux qui sont morts et qui vivent aujourd'hui dans le monde que vous ne pouvez pas voir, car les morts ne reposent pas dans la tombe. Ils sont vivants et attendent de revenir un jour (...) C'est pourquoi vous devez écouter la voix de mon Père, qui parle à travers moi »*

— Mon amour— dit Cecilia—, je vivrai cette existence et d'autres, et dans chacune d'elles tu seras dans mon cœur

Felipe l'embrassa amoureusement et partit peu après avec Antoine pour honorer leurs fiançailles.

Chapitre 11

De la prison de la souffrance à la rencontre de l'amour

Après un long et fatigant voyage, ils sont arrivés à destination et ont été accueillis par un homme qui montait la garde. Après s'être identifiés, ils ont été dirigés vers une pièce où un frère visiblement tourmenté et présentant des signes visibles de déséquilibre s'est présenté :

— Je m'appelle Frère José. Je suis le prêtre responsable de la délivrance de ces âmes déchues qui sont envoyées ici en quête de salut. Comment puis-je vous aider ?

Felipe, en quelques mots, lui expliqua les faits et lui remit immédiatement le terme d'indulgence. Après une brève lecture, marchant nerveusement autour de la pièce, le frère dit :

— Je n'ose pas contredire un ordre papal, mais je crois que cette femme ne doit pas être libérée. Elle représente un grand danger, car elle est impliquée dans les mystères du sortilège. Son comportement agressif est très proche de celui des sorcières qui passaient par ici.— Essuyant la sueur de son visage et l'air suspicieux, il continue :

— Malheureusement, j'ai besoin d'un médecin pour prouver que vous n'êtes pas affecté par le « mal des ténèbres ». [31]

— Je suis médecin et je connais la loi des tribunaux de Barcelone— dit Felipe en gardant un visage impassible et une

---

[31]Se réfère à « la peste » (N..A.E. Tiago).

voix forte—. Allez, je n'ai pas de temps à perdre, conduisez-nous à elle immédiatement.

—Seigneur, pardonne ma méfiance. J'espère que le noble comprend, mais nous avons dû utiliser des procédures correctives et nous avons été obligés de l'emmurer[32] pour contenir sa fureur. Je vais vous conduire là où elle se trouve.

La scène dénonce la souffrance et la tristesse. La faible lumière éclairée par les lampes qu'ils portaient à la main et l'odeur fétide mêlée à l'humidité, tandis que des gémissements indescriptibles se faisaient entendre dans l'atmosphère. Stupéfait, Antoine dit :

— Pour l'amour de Dieu ! Comment un tel endroit peut-il exister ? Les hommes et les femmes ressemblent plus à des animaux qu'à des êtres rationnels.

Lorsqu'ils rencontrèrent la fille qu'ils cherchaient, Felipe s'approcha immédiatement d'eux, éclairant leurs visages avec le peu de lumière disponible. Nora restait évanouie à cause des diverses blessures qui avaient envahi son corps pour donner suite aux tortures qu'elle avait subies. Quant à son visage fatigué et émacié, il suscitait la pitié de tous. Lorsque le médecin libéra ses poignets des menottes, il la réveilla.

-----

[32] Selon les explications données par les auteurs respectifs, cette procédure était très courante dans les prisons inquisitoriales, de sorte que les prisonniers, même innocents, avouent leur culpabilité et que leurs chevilles sur les murs étaient suspendues au sol, symbolisant une sorte de crucifixion, dans laquelle les tensions musculaires et la rupture des os étaient insupportables.

Même face à la grande épreuve, ses cheveux noirs en désordre mettaient en valeur ses grands yeux bleus qui ressemblaient à de petits morceaux de ciel, tandis que ses lèvres épaisses et pâles mettaient en valeur son visage fin, faisant croire à tout le monde qu'elle était une femme mince et belle.

Cependant, à ce moment-là, semblable à un oiseau, effrayée, elle essaya de se libérer des mains amicales. Comprenant son attitude, le médecin agit avec prudence, tout en lui témoignant de l'affection :

— Ne t'inquiète pas, je ne te ferai pas de mal. Laisse-moi voir ton dos.

Après avoir gagné sa confiance, il ouvrit lentement la vieille tunique qu'elle portait. Les yeux remplis de larmes de compassion, il découvrit plusieurs blessures à vif.

— Maudit soit ce lieu et ses lois— dit Antoine révolté, répétant de se battre contre Joseph—. Regarde ce qu'ils ont fait à la pauvre fille !

— Jeune homme, réfrène ton élan — dit fermement le docteur — Ne fais pas l'imbécile, rappelle-toi que nous sommes encore dans un lieu protégé par les lois de l'Eglise et les attitudes impétueuses, sinon la situation va s'aggraver —. Une fois la situation sous contrôle, il a posé son diagnostic :

—Elle n'a pas de blessures contagieuses. Allez, il faut sortir d'ici au plus vite.Il enlève son manteau et le met sur les éPabloes de la jeune femme. Antoine, avec force et précaution, la place dans ses bras comme un enfant blotti sur les genoux de ses parents. Sans discuter, ils se disent au revoir, s'installent dans la voiture et repartent.

∞ O ∞

Sur le chemin du retour, alors que Felipe s'occupe de Nora dans les limites du moment, Antoine dit avec inquiétude :

— Elle souffre beaucoup, mais je prie Jésus qu'il réussisse à faire un miracle avec ses connaissances médicales, car j'espère qu'elle supportera les mauvais traitements qu'elle a subis —. Regardant ; fasciné, il continua :

— Quelque chose de très fort me porte à croire que nous nous connaissons déjà, même dans l'une de nos existences.

Felipe, partageant et comprenant son ami, demande à s'arrêter à proximité. Elle, réveillée, gémissant de douleur, boit l'eau offerte par le médecin. Après l'avoir examinée de plus près, lui avoir caressé les cheveux, il lui dit :

— Peut-être que tu me détesteras pour ce que je dois te faire maintenant, mais beaucoup de tes os ne sont pas à leur place et si je ne les remets pas en place, tu ne seras plus jamais la même. Je ne pourrai pas t'empêcher de ressentir la douleur, et si tu y résisteras, crois-moi, tu continueras à vivre, en bonne santé et avec peu de déformations dans les mains.

— Seigneur, dit-il avec audace— faites ce que tu as à faire, car mon plus grand désir est de vivre.

Après les instructions de Felipe, Antoine tient fermement la table. A chaque intervention du médecin pour corriger ses os, les cris de souffrance résonnent dans la salle.

À la surprise générale, Nora a supporté avec courage les actions du médecin, mais, à cause de la souffrance qu'elle endurait, elle s'est effondrée d'épuisement. Il ne ménagea pas ses efforts pour aider la jeune femme et, après bien des efforts, elle ouvrit les yeux en exprimant la lumière de la gratitude, car à ce moment-là, elle restait silencieuse, n'ayant pas de mots pour exprimer sa souffrance. Souriant timidement, Felipe la prit par le menton et lui dit :

— Tu es très forte et je peux maintenant dire que tu supporteras bien le voyage. Repose-toi un peu pour que nous puissions continuer. Nous allons chercher un endroit pour passer la nuit et demain matin, nous continuerons jusqu'à notre destination.

Alors que Nora sombrait dans un profond sommeil, réalisant qu'Antoine ne cachait pas le malaise qu'il ressentait, Felipe lui dit :

— Mon cher, dis-moi pourquoi tu es tourmenté ?

— Je n'arrive pas à me débarrasser de ces images de prison. Quel imbécile ! Comment puis-je accepter l'existence d'un tel endroit ? — Regardant Nora, il poursuit :

— Moi non plus, je ne supporte pas de voir la situation de cette femme. Comme nous ne sommes pas les enfants d'une seule existence, une question me tourmente l'esprit : qu'aurait-elle fait dans une autre existence pour recevoir une telle sentence ?

— Le Seigneur, par compassion, ne nous permet pas d'accéder à notre passé. Avec chaque vie, c'est le début d'un nouvel apprentissage et d'une restauration de notre propre être. Selon la loi de Dieu, l'existence de chacun de ses enfants doit être ressentie et comprise telle qu'elle est jour après jour et il n'y aura pas de similitude entre eux. La vie doit être comprise de la même manière, même si nous sommes le résultat de nombreuses expériences. Soyons patients, prenons un jour à la fois, améliorons ce que nous sommes et transformons nos sombres imperfections en lumières.

« Malheureusement, la foi irrationnelle emprisonne l'esprit dans les martyrs de l'ignorance et de la souffrance. Chacun d'entre nous a une grande opportunité de revoir, dans sa totalité, qui il est. Sur nos épaules peuvent peser les fardeaux d'un passé fondateur ajouté dans l'ignorance et la bêtise. Souvenons-nous que

« Mais maintenant, mon royaume n'est pas d'ici ».[33] Ainsi, l'esprit de sacrifice et de renoncement s'exprime également à travers nous.

C'est l'une des raisons pour lesquelles nous revenons à la vie : notre transformation vers la lumière. Mais avant de la trouver, nous devons affronter les ombres qui résident en nous et celles que nous avons cultivées tout au long de notre existence.

Sortant un texte de sa poche, elle poursuit :

— Avant de partir, Cecile m'a donné cette traduction. Voyons si nous pouvons y trouver des réponses :

« *Jésus en route pour Béthanie rencontre un Rabbin*[34]

(...) Ce jour-là, Jésus, qui se rendait à Béthanie, s'arrêta pour se rafraîchir (...). Il était accompagné de Barthélemy, de Jean et de Pierre, lorsqu'un rabbin du nom d'Élie s'approcha de lui :

- Élie : (...) Votre nom est connu dans le Temple et dans beaucoup d'endroits. Vous dites des choses qui sont souvent en

---

[33]Jean, 18:36

[34] Cette page est traduite à partir d'une copie de l'original écrit par les disciples de Barthélemy en l'an 1 de notre ère. Il a été copié par de nombreux peuples et ce matériel original a des caractéristiques en hébreu, bien qu'il ait été distribué dans toute la région orientale et les villages éloignés du Liban dont la langue maternelle était l'araméen. En raison de la grande abondance des termes courants utilisés dans cet écrit, nous avons effectué une traduction en essayant de préserver au maximum son originalité, mais nous utilisons les termes en portugais qui sont plus proches de la compréhension actuelle, ce qui n'invalide pas son authenticité. (N.A.E. Ferdinando)

contradiction avec les lois de Moïse. Vous avez dit que les noms mentionnés dans les Écritures étaient envoyés par le Seigneur et qu'ils avaient déjà vécu de nombreuses vies en plus de celles qui ont apporté la sagesse céleste au ciel. Comment un corps mort peut-il sortir de la tombe ? Comment pouvons-nous donc oublier ce que nous étions ?

- Jésus : Personne n'est dispensé de mourir ou de renaître. Mon Père, qui est gracieux et plein de compassion, a permis à ses enfants, qui avaient déjà vécu d'autres vies, de revenir sur Terre pour de nouvelles expériences qui leur apporteraient plus de sagesse. Je vous assure que Daniel et beaucoup d'autres sont nés de nombreuses fois pour apporter la lumière à la Terre avant ma venue et pour se préparer à ma venue. Le résultat (...) de chaque existence est le fruit des bonnes et des mauvaises actions accomplies dans le passé (...) et de là une nouvelle, rétablissant l'opportunité. Les cieux, les oiseaux, les vents passeront, mais celui qui a vécu ne mourra pas et celui qui est mort reviendra dans un nouveau corps.

La chair dépend de l'esprit et l'esprit dépend de la chair pour transformer son essence (...) en lumière, ce qui renaît n'est pas un corps inerte consumé par la terre, mais l'esprit qui, plein de vie, revient dans d'autres matières, dans d'autres entrailles.

Dieu, qui sait tout, ne permet pas les souvenirs du passé (...) pour qu'ils ne troublent pas le présent. Tout ce qu'on a appris hier n'est pas perdu (...), mais amélioré et perfectionné (...) par les travaux et les constructions que chaque enfant de Dieu (...) réalise au nom de mon Père.

Par la loi céleste, il donne à chaque nouvelle existence suffisamment d'intelligence pour pouvoir choisir plus précisément les voies du bien ou du mal. Les souvenirs du passé sont plus précis pour ceux qui sont plus proches des vérités et de la sagesse de Dieu ».

Antoine écoute ces paroles sans quitter Nora des yeux et, alors que soufflent les premiers vents froids de la nuit, la voiture part à la recherche d'un endroit où passer la nuit.

∞ O ∞

Après un long et difficile voyage, ils arrivèrent à la résidence de Felipe.

Yasir, entendant le bruit des chevaux, sortit immédiatement à la rencontre de son cousin accompagné de Madame Carmen.

— Nous attendions ton retour— dit Yasir— nous avions peur qu'il se soit passé quelque chose.

Felipe, remarquant le geste de la vénérable femme, pose sa main droite sur son éPabloe :

— Elle ira bien. Pour l'instant, vous feriez mieux de rester avec nous pour que nous puissions aider Nora.

Elle l'ouvrit et poursuivit :

— Je vous serai éternellement reconnaissante pour ce que vous avez fait pour nous. Seul le fils du bonté Esteban pouvait agir avec un tel désintéressement.

Antoine, ne cachant pas sa joie devant la nouvelle venue, prit Nora dans ses bras avec précaution et, sans tarder, rentra dans la maison et la coucha sur un lit.

Pendant ce temps, Yasir se rend à l'écurie pour donner aux chevaux le repos nécessaire.Gardant une expression joyeuse, Cecile court, en silence, embrasser Felipe qui, complices à cet instant, partagent les sentiments d'un amour mûr qui s'est sans doute enraciné profondément et éternellement dans leurs cœurs des deux.

Chapitre 12

De la guérison libératrice à l'union des cœurs

Deux jours se sont écoulés depuis l'arrivée de Nora. Felipe et Yasir se sont consacrés aux soins de la jeune femme, qui ne cachait pas ses souffrances dues à diverses blessures et à une fièvre inattendue qui massacrait également son corps fragile.

La préoccupation de Madame Carmen est évidente. Catarina et Cecile l'accueillent avec affection, et entre ces femmes, héroïnes anonymes de l'histoire, une grande et indéfectible amitié unit leurs âmes.

Pendant ce temps, Morilo poursuit les traductions et les reproductions des textes et s'engage dans les tâches que lui imposent les cours.

Antoine, abandonnant ses rêves de lutte pour l'égalité sociale et la manifestation d'une foi libre, prend le statut temporaire de tuteur de Nora. Sans quitter Nora d'une semelle, il suit tous les actes médicaux pratiqués par ses amis.

Ce matin-là, à la grande joie de tous, la jeune fille a réagi et la fièvre a été vaincue par l'abandon volontaire de ces enfants de Dieu, l'étincelle dans ses grands yeux bleus montrant une amélioration apparente. Felipe et Yasir célèbrent timidement sa guérison, tandis que Madame Carmen ne cache pas sa joie et, assise à côté de sa petite-fille, lui caresse les cheveux.

— Je vois que tu vas beaucoup mieux— dit Felipe avec affection—, et tu es une grande guerrière malgré ton jeune âge. Tu as vaincu les bourreaux et tu seras bientôt sur pied, prête à reprendre ta vie en main.

Dans un geste de gratitude, elle a serré la main du médecin, l'a embrassée et a dit :

—Tu as été le secours que Jésus a envoyé au moment de ma demande. Pour la première fois de ma vie, je me suis sentie soutenue et en sécurité, comme une fille souffrante sauvée par un père aimant. Je ne sais pas comment l'expliquer, mais ici, j'ai l'impression d'être parmi de vieux amis.

—Ma jolie fille—dit Carmen—je suis d'accord avec toi, tout le monde dans ce manoir est très cher. Je pensais que tu ne résisterais pas, mais, comme toujours, tu as révélé la force qui habite ton âme. Malgré ton jeune âge, tu as résisté aux mauvais traitements.

Essuyant une larme timide, elle poursuivit :

—Penses-tu que j'ai fait de mon mieux pour ne pas souffrir ces martyrs, mais malheureusement je n'ai pas pu retenir la colère de Monsieur Cortés ?

—Grand-père, ne te fais pas le martyr avec moi, ne te sens pas coupable ni coupable de ce que j'ai vécu. Je me sens mieux et je sais que je serai bientôt sur pied. Crois-moi, j'ai aussi pensé que je ne pourrais pas résister. Mais lorsque j'ai rencontré Felipe et Antoine, j'ai senti une force dans ma poitrine, comme si je les connaissais déjà. Quant à mon père, j'ai l'intention d'être plus forte pour pouvoir réfléchir à mon avenir.

—La jeunesse est un don— dit Yasir en souriant— il ne faut pas en abuser. Il vaut mieux se reposer maintenant.

∞ O ∞

En l'espace de trente jours, Nora, rétablie, est sortie de son lit. A la surprise générale, Antoine et la jeune fille restent inséparables. Pour la première fois, l'impétueux Français s'abandonne aux charmes féminins qui apaisent et réchauffent son âme libre.

Nora, pour sa part, a rendu la pareille à toutes ses épreuves amoureuses, partageant les mêmes rêves et les mêmes idéaux qui résidaient dans leurs cœurs respectifs.

∞ O ∞

Ce soir-là, au cours du dîner, Madame Carmen, l'air soucieux, dit :

—Je ne sais pas comment vous remercier tous pour l'accueil chaleureux que ma petite-fille et moi avons reçu ici. Cependant, le temps est venu pour nous de retourner à notre résidence.

Entre-temps, une action inattendue et maladroite s'est déroulée dans cet environnement. Nora est intervenue immédiatement :

—Grand-mère, je n'ai jamais osé vous désobéir, mais je vous supplie de ne pas demander à repartir. Si les médecins et les autres me le permettent, je veux rester ici jusqu'à ce que je puisse décider où je vais aller.

—Ma chère, tu sais très bien que ce sera impossible. Ton père a de nombreuses relations et ses hommes suivent mes traces. Hier, un messager est venu ici et m'a remis une lettre de Monsieur Cortes nous demandant de rentrer. De plus, maintenant qu'il sait que tu vas mieux, il a insisté sur ton association avec le noble d'Aragon—. Visiblement nerveux, elle poursuivit :

—Je ne supporterai pas d'être encore martyrisé contre vous. Je souhaite la paix, et vous savez très bien que je ne suis pas d'accord avec leurs attitudes.

Après une brève pause, elle poursuit :

—Je crains pour toi. Pardonnez-moi, mais j'en suis venu à penser que si tu obéissait à cet ordre, ton père calmerait sa colère et ne ferait rien contre vous.

—Je n'épouserai jamais quelqu'un que je ne connais même pas pour assister à la folie de mon père. Je suis prête à mourir pour ne pas accepter cette situation.

Regardant Antoine, elle continue :

—Mon bonheur est ici, et je ne permettrai pas qu'on me l'enlève.

Se retirant précipitamment, il se dirigea vers le porche à la recherche d'un peu d'air frais. Quelques instants plus tard, Antoine répète le même geste. Pendant ce temps, Madame Carmen, visiblement désespérée, continue :

— Je n'ai rien dit à ma petite-fille, mais il a juré de la tuer si elle n'acceptait pas ce mariage et si elle n'obéissait pas à ses ordres. Je ne sais pas ce que je dois faire. J'ai remarqué qu'elle est tombée amoureuse d'Antoine. Bien que j'admire ce jeune homme, croyez-moi, cet amour sera impossible.

—Je ne connais pas Monsieur Cortés— dit Felipe — mais je pense que personne ne peut arrêter leur amour. Je comprends leurs inquiétudes, mais nous ne pouvons qu'accepter cette vérité, et ne pas nous opposer à leurs sentiments. Nous ne pouvons pas intervenir dans les événements de l'avenir. Nous ferons de notre mieux pour les guider, mais je dis que nous ne pourrons pas les contenir.

— Je vais en parler à mon frère — dit Cecile, en regardant Felipe.

— Tu as raison dans tes affirmations. Antoine a toujours été très déterminé et n'a jamais renoncé à quoi que ce soit. Pour la première fois, je le vois aussi impliqué dans quelqu'un. Je ferai de mon mieux pour les rendre patients. Cependant, même si nous avons tous l'impression qu'il s'agit d'une courte expérience entre eux deux, pour eux cette rencontre semble être le résultat de beaucoup, beaucoup d'existences. Le soir même, alors que le silence annonce que les autres se reposent, Antoine se tient pensif sous le porche, quand Cecile s'approche :

— Mon cher frère, tu sais combien je t'aime — En caressant son visage, elle reprit :

— Je comprends le moment, mais ne laisse pas les décisions être guidées par les lignes de la folie.

— Qu'est-ce que vous voulez que je fasse ? Reconocer à Nora ? S'il te plait, ne me faites pas ça, par pitié, sinon je mourrai. Pour la première fois, j'ai trouvé le chemin de mon bonheur, parce que nous nous aimons.

—Je ne vous demande pas de renoncer à vos sentiments, mais d'être consciente des manœuvres de Monsieur Cortes. Il ne vous laissera pas vous marier et d'après ce que nous avons entendu des histoires qui lui sont liées, nous ne pouvons que nous attendre au pire—Après une brève pause, elle poursuivit en réfléchissant :

—Peut-être que je m'inquiète trop pour toi et que je fais preuve d'un excès de zèle. Je veux que tu sois heureux, car Nora est, en effet, adorable, mais comme je te connais très bien et que je sais que tu ne renonceras jamais à un de tes souhaits, je veux seulement que tu agisses avec sagesse, même si les sentiments parlent plus fort et ne pas se précipiter.

—Je me battrai, s'il le faut, jusqu'à la mort pour que nous soyons ensemble jusqu'à la fin. Elle est l'air que je respire et elle appartient à mon âme. Je ne peux pas l'enlever de mon cœur. Je vous remercie de votre compréhension, car vous avez toujours été à mes côtés.

Elle l'embrasse en silence, puis quelques instants plus tard, Cecile se retire, laissant Antoine perdu dans ses pensées.

∞ O ∞

Il est tard dans la soirée, mais Antoine est encore sous le porche, essayant d'apaiser le cœur de l'homme en peine, alors que les autres se sont déjà retirés, lorsque Nora s'approche et l'embrasse passionnément. En lui rendant son affection, elle essaya de comprendre ce qui le préoccupait :

—Mon bien-aimé, je te promets que personne ne nous séparera. Je veux que tu m'épouses pour que ton père ne puisse rien contre nous.

—Ce que je veux avant tout, c'est être ta femme, mais ne te trompe pas en croyant que rien ne peut calmer la fureur de mon père. Pour l'avoir contredit, j'ai été contrainte de subir ces martyrs impitoyables. Que ferons-nous ?

—Nous fuirons, nous nous marierons en secret et, à notre retour, personne ne pourra plus rien contre nous. C'est la seule façon de rester ensemble. Nous irons dans un endroit près d'Andorre, à la frontière française. Même si je ne peux pas y retourner, je connais quelqu'un qui peut prononcer les vœux sacrés. Nous ne parlerons à tout le monde que lorsque nous serons mariés.

—Et ma grand-mère, ta sœur, les médecins et tous ceux qui vivent ici ?

—Si nous ne faisons pas cela, nous ne pourrons pas être ensemble. Le prenant par les bras, elle continua :

—Crois-moi, ils nous accepteront, mais nous devons partir ce soir.

Liés par leurs rêves de jeunesse, ils sont restés ensemble, réglant les détails de leur partenariat, portant dans leur cœur les rêves et les espoirs du début d'une nouvelle vie.

∞ O ∞

Le lendemain matin, le soleil est éclatant et radieux. Le ciel bleu est bordé de quelques nuages et, aux yeux des spectateurs, la vue n'est pas parfaite.

Alors que Catarina et Cecile préparent tranquillement le petit-déjeuner, elles entendent la voix désespérée de Madame Carmen.

Sans perdre de temps, ils s'empressèrent, avec les autres, de découvrir de quoi il s'agissait. La vénérable dame, assise sur un siège près de la porte d'entrée, reste la tête baissée, enfouissant son visage dans ses mains, permettant à tous d'entendre ses sanglots douloureux résonner dans la pièce. Pendant ce temps, sur le sol, une lettre dénonçait la raison de tant de désespoir.

Yasir ramasse respectueusement la lettre et la lit à haute voix :

« Ma grand-mère bien-aimée, je sais que lorsque cette lettre vous parviendra ainsi qu'à tous ceux qui vivent dans ce manoir, qui font partie de notre cœur à nous, Antoine et moi serons loin.

Je connais vos craintes sur les événements qui m'entourent et surtout sur mon père, mais je ne peux accepter une union basée sur l'ignoble volonté de Monsieur Cortés. J'aime Antoine et c'est pour cet amour que nous avons été contraints de fuir. Mais nous reviendrons bientôt. Ne gardez pas d'inquiétudes ou de soucis dans votre cœur. Nous allons bien.

Je vous demande seulement de me pardonner, comme Antoine demande pardon à Cecile et aux autres. Mais si nous étions restés dans la foi, mon père n'aurait pas tardé à me condamner à une terrible disgrâce.

Nous n'attendons pas d'eux qu'ils nous comprennent immédiatement, mais nous avons besoin, sans hésitation, de leurs précieuses prières car sans eux, ou sans leur amour, nous ne sommes rien.

Nos cœurs vous appartiennent toujours à tous.

Nora et Antoine . »

—Seigneur— dit Doña Carmen désespérée—, je prie pour ces enfants et je les remets entre les mains de Jésus.

—Madame—dit Yasir avec affection—, pour l'instant, il n'y a rien d'autre à faire que d'attendre. Remettons nos craintes entre les mains du Seigneur et allons de l'avant.

—Oui, je suis d'accord avec vous— dit Felipe en serrant Cecile dans ses bras, ce qui ne cache pas son inquiétude—. Ils nous ont tous les deux demandé des prières, alors c'est ce que nous devons faire et attendre.

∞ O ∞

Au bout de quinze jours, au début de la nuit, le bruit de deux chevaux annonça l'arrivée de quelqu'un.

Yasir, identifiant les nouveaux arrivants, dit :

—Par Dieu ! Antoine et Nora reviennent.

Les jeunes n'ont pas caché leur joie et ont été accueillis par des accolades et des visages inquiets. Doña Carmen embrasse affectueusement sa petite-fille en lui demandant des nouvelles de sa santé.

Après les salutations, Madame Carmen annonce à tout le monde qu'elle partira le lendemain matin. Nora, inquiète, cherche auprès d'Antoine le courage de dire la vérité. Le jeune homme, interrompant le silence momentané, dit :

—Madame, je suis désolé, mais Nora ne pourra pas vous accompagner.

—Frère—dit Cecile essayant de briser les tensions qui envahissent l'atmosphère— que dis-tu ? Ils en ont déjà trop fait, ils doivent repartir et nous ne pouvons pas les en empêcher.

—Eh bien, mon fils— intervint la vénérable vieille dame—, pourquoi ma petite-fille ne peut-elle pas venir avec moi ?

Après une brève pause, cherchant son courage, il répondit :

—Nora et moi nous sommes mariés il y a deux jours.

— Que dis-tu ? —La vénérable femme intervint — Ce n'est pas possible ! Vous êtes toutes les deux folles. Vous me semblez être deux enfants qui jouent aux adultes.

— Pardonnez-nous d'avoir omis tout le monde, nous craignons que cette action nous soit imposée et c'est pourquoi nous sommes partis. Nora est maintenant ma femme et je suis prêt à faire tout ce qu'il faut pour nous garder ensemble.

Une petite escarmouche a éclaté dans l'enceinte. La femme vénérable porte sa main droite à son visage, essayant d'essuyer la sueur.

— Mon Dieu ! Alors tu es mariée ? Que puis-je faire maintenant si ce n'est revenir au plus vite pour tenter d'apaiser la colère de Monsieur Cortés ? Tu connais bien ton père, il ne pardonnera jamais un tel affront ! — Soupirant, visiblement troublée, elle poursuit :

— Il agit comme un serpent qui attend le bon moment pour frapper. Tu sais très bien que le temps peut passer, mais d'une manière ou d'une autre, il jouera contre toi.

Affectueusement, Nora serra sa grand-mère dans ses bras, l'embrassa sur le front et lui dit :

— Elle a toujours tenu le rôle de mère adorée et d'amie fidèle.

Je n'attends pas de vous que vous compreniez mon acte comme un simple affront à mon père. J'aime Antoine, c'est une vérité que je ne peux mépriser. Je ne retournerai pas auprès de vous, et je ne souhaite pas non plus voir Monsieur Cortès. Désormais, je suivrai mes traces, même si cela me coûte des fleurs ou des souffrances.

Pendant ce temps, Antoine s'approche de son épouse. La vénérable femme, sans retenir ses larmes abondantes, les embrasse tous les deux. Sans un mot de plus, le jeune couple s'en va. Yasir, remarquant le désespoir de Madame Carmen, dit :

— Tu es une femme intrépide et tes yeux font ressortir la grandeur de t'âme. Ta petite-fille vous ressemble beaucoup. Je ne connais pas votre gendre, mais il ne nous reste plus qu'à prier pour qu'ils soient heureux—Prenant un des textes traduits dans la poche de son manteau, il poursuivit :

—Noble femme, voici les paroles du grand Sage de l'humanité, Jésus :

« *Jésus et la femme romaine*
Un court dialogue sur le courage[35]

---

[35] Pour des raisons très particulières, à la demande de ma sœur en Christ, Rachel, et avec la permission céleste qui m'a été accordée ainsi qu'aux confrères qui partagent ce travail avec moi, nous avons sélectionné ce texte qui ne serait pas raconté dans ce recueil. Le but de Rachel était de rappeler que le Seigneur ne relègue jamais dans l'oubli ceux qui travaillent en son nom sur la terre. Bien que les tempêtes ou la colère puissent frapper ces enfants de Dieu, et que leur chemin dans la vie puisse être baigné de souffrance,

Jésus, la « petite table »[36], qui se trouvait dans les environs de Jérusalem, après s'être rendu à un groupe, traversait l'une de ses rues étroites, accompagné de Barthélemy et d'André. Il rencontra alors une noble romaine, assise sur une échelle, cachant son visage souffrant dans ses mains, tandis qu'un serviteur lui consolait le cœur, il s'approcha et lui dit :

- Jésus : (...) Je sais qui tu es et aussi la raison de tes passions. Vos prières, baignées de larmes, ont été entendues par mon Père. Ne mets donc pas la souffrance au-dessus des lois célestes. Heureux celui qui ne place pas ses espoirs dans la tombe, mais qui trouve dans la foi le courage de se lever et d'aller de l'avant.

---

d'épreuves et de solitude, il n'est jamais, jamais invisible que l'amour sera une vérité incontestable et réelle, même lorsque nous sommes temporairement séparés par la matière. Avec Jésus et pour Jésus, chaque larme versée en son nom est un baume qui renouvelle l'espoir ; c'est pourquoi nous nous souvenons que : « Heureux ceux qui pleurent, car ils seront consolés » ; (Matthieu, 5 : 4) et "Heureux serez-vous quand on vous insultera, qu'on vous persécutera et qu'on dira faussement contre vous toutes sortes de malheurs à cause de moi". (Matthieu, 5 : 11). (N.A.E. Ferdinando) Les personnages d'Helena et de Rachel ont vu leur histoire rapportée dans le livre Psaumes de la Rédemption, en plus de la fille mentionnée par Jésus dans ce texte, se référant à la jeune Cassia Flavia Helena Varro, également connue sous le nom d'Esther, dont l'histoire a également été rapportée dans les pages du même livre.

[36] Mot araméen signifiant "messie". (N.A.E. Ferdinando)

La victoire de la vie est dans l'espérance et la transformation de chacun (...) bien que souvent le silence de la tombe fasse taire nos lèvres, (...) nous empêchant de nous comprendre nous-mêmes.

Mon Père, celui que j'aime et que j'honore, connaît toutes les vies qui ont suivi celle-ci. Les empires d'aujourd'hui sont basés sur les structures (...) d'un passé lointain. Les hommes de ces empires renaissent, faisant de ces lois leurs souvenirs et leurs tyrannies. Tu es une fille bénie, malgré tes souvenirs du passé, car maintenant, étant réduite au silence, tu as été choisie pour expérimenter les dons de ton présent, pour aimer les seigneurs qui composent les pages de ton empire, de ta vie.

Bientôt, ils partiront par amour pour moi. Alors, ô femme ! Lève-toi et ne pleure pas l'absence de la fille qui a été arrachée à tes bras par les mains de ceux qui sont loin de moi. Il n'y a pas de mort dans la vigne du Père, c'est la vérité souveraine pour nous ; nous vivrons au-delà de ce que nous voyons et nous trouverons des amours construites dans les liens que nous avons et qui sont entrelacés (...) entre tant d'existences.

Ô femme ! Lève-toi car choisie, tu as la mission de conduire à moi ceux que tu aimes et dont tu as aussi été oubliée (...) »

Avec une préoccupation évidente, tous ont respecté Doña Carmen qui, affectueusement, a embrassé les joues des jeunes gens et, avec une brève larme cristallisant ses joues, les a bénis.

∞ O ∞

Quelques jours plus tard, Madame Carmen est montée dans une voiture qui la ramènera chez elle, dans le Sud. Nora, émue, avec Antoine, lui dit au revoir :

— Grand-mère, merci d'avoir accepté mon choix. J'aime Antoine et nous serons heureux. Je n'ai pas peur de mon père ni de personne. Maintenant, je vais suivre mon destin ici et je suis prête à affronter toutes les tempêtes au nom de mon union.

— Ma fille est enfin devenue adulte. Je ne peux rien faire d'autre que d'accepter cette réalité. Essuyant une discrète larme, elle poursuit :

— Toujours sans crainte. La vie pour moi s'achève et la tienne ne fait que commencer. Je remets votre cœur et votre mari entre les mains du Seigneur—. Regardant Antoine, elle poursuit :

— Par pitié, faites attention. Tu es le gardien de mon plus grand trésor, ma petite-fille.

— Que Jésus t'accompagne dans ton voyage— dit Felipe—. Sache que tu es toujours la bienvenue dans ce manoir.

—Si ton père était là, il serait très fier de toi. Je le prends dans la ligne de mes meilleurs sentiments et de ma gratitude.

Pendant ce temps, Catarina et Cecile s'approchent. Leur prenant la main, le vénéré dit :

— Mes amours, je n'oublierai jamais notre amitié.

Dès que j'aurai rempli mes obligations, j'ai l'intention de revenir.

—Crois-moi, ton visage repose dans mes prières, — dit Catarina— nous attendons ton retour très bientôt.

—J'ai copié certains des textes que tu as préférés pendant ton séjour ici— dit Cecile—. Tu peux les emporter avec toi pour te réconforter pendant ton voyage.

Madame Carmen caresse ses cheveux et intervient :

—Tes yeux sont jeunes et ton expression me rappelle l'innocence d'une petite fille —. Après un profond soupir, elle poursuivit :

—Bien que je parte avec la souffrance au cœur de la relation entre ma petite-fille et ton frère, je ne juge pas l'acte de l'un et de l'autre. Crois-moi, même si je suis âgée, la vie m'a appris quelque chose qui m'a été confirmé par Nora. Pour être heureux, il faut souvent prendre des risques, même si cela entraîne de tristes conséquences. Il ne faut jamais renoncer à un grand amour. Lui, l'amour, ne repose dans le cœur de personne la veille, il vient au bon moment, quand on est plus mûr pour le comprendre.

C'est pourquoi nous ne devons jamais renoncer au droit d'être heureux.

Cecile sourit timidement tandis qu'une larme d'émotion coule sur son visage. Sans perdre de temps, le cocher fait partir les chevaux, tandis que les adieux émouvants se font encore sentir.

Partie 2

« Soyez assidus, sans lenteur, fervents en esprit, au service du Seigneur,

fervents en esprit, servant le Seigneur

Réjouis-toi dans l'espérance, persévère

Dans la tribulation, assidus à la prière... »

Romains, 12:11-13.

« Seigneur, nous te prions de nous tolérer, car lorsque nous apprendrons à tolérer les moindres choses, nous apprendrons à vivre avec les différents maîtres de notre vie. »

Tiago

Chapitre 13

Entre deux soucis, le difficile retour

Après un voyage fatigant, Madame Carmen arriva à sa destination, la résidence de Monsieur Cortés. En descendant de la voiture, aidée par le cocher, elle s'arrête quelques instants et prie silencieusement le Seigneur de lui donner le courage d'affronter son gendre, avec lequel elle était si difficile à vivre.

En entrant dans le luxueux salon, elle est immédiatement prise en charge par les domestiques qui, heureux et soulagés, accueillent la vénérable femme.

Parmi les nombreux travailleurs de ce manoir, l'un d'entre eux se distingue. Il s'agissait de Rodriguez, un vieil Espagnol de confiance qui était au service de Madame Carmen depuis de nombreuses années et qui était resté là, même contre la volonté de Monsieur Cortés. Avec une joie visible, il le salua et, après quelques mots, lui dit :

—Mon cher ami ! Toujours gentil avec moi—. Après un profond soupir, il poursuit :

—Nous sommes ensemble depuis la nuit des temps.

Quand on vieillit, on vit trop sur les souvenirs du passé. En cette période d'absence, je me suis rappelé beaucoup des choses du passé, en particulier le jour où papa m'a présenté à toi en disant que tu serais celui qui s'occuperait de moi et qui m'aiderait à écrire mes lettres. Comme nous étions jeunes ! J'ai fini par croire que tu partirais, mais non, tu es restée à mes côtés dans une condition très spéciale. Je t'en suis reconnaissante.

—Tu sais très bien que je ne pouvais pas partir d'ici.

D'un air méditatif, Rodriguez poursuit :

—D'ailleurs, j'ai eu de nombreuses occasions de partir, mais quelque chose au-delà de ma compréhension m'a empêché d'agir. J'ai donc décidé de ne plus lutter contre le destin et de rester ici. Pour moi, un homme sans personne, voir les années passer avec toi a été un cadeau du Seigneur. Nous avons vécu beaucoup d'histoires et à chaque fois je me sens réconforté — Il a changé le cours de la conversation en disant :

—Tout le monde s'inquiétait pour toi et Nora, as-tu réussi à trouver le médecin, le fils de Esteban ?

Madame Carmen a brièvement raconté tous les événements qu'elle a vécus et a conclu :

—Ma petite-fille se porte bien grâce à la générosité de Felipe. Le fils de Esteban reflète sa gentillesse et son amour pour les autres. Pendant les jours où j'étais là, j'ai eu l'impression d'être dans la famille. Je porte dans mon cœur tous les traits qui me sont chers et, pendant quelques instants, j'ai hésité à revenir à cette épreuve—. Elle a poursuivi en réfléchissant :

—Ici, nous avons tout le luxe et toutes les richesses, mais nous n'avons pas le plus important : une famille fondée sur l'amour et le respect, comme j'ai pu le constater chez ceux avec qui j'ai vécu pendant si peu de temps.

—Pardonne-moi, mais je comprends ton désarroi. Tes yeux te trahissent.

—Je n'ai jamais pu te cacher quoi que ce soit—. Faisant les cent pas dans la pièce, elle continue :

—Je me prépare à affronter la fureur de mon gendre, surtout lorsqu'il apprendra que Nora a épousé en secret un jeune Français nommé Antoine.

—Qu'est-ce que tu dis? Elle s'est mariée sans la permission de son père ? Que Jésus ait pitié de nous tous. Depuis des jours, Monsieur Cortés est plus nerveux que d'habitude, il vous crie beaucoup de choses à vous et à sa fille. Elle a convoqué quelques amis du Sud pour l'accompagner, dont ceux liés au clergé, qui ont contribué à envoyer Nora à cette épreuve.

—J'ai toujours gardé le silence face aux attitudes terribles de mon gendre. Mais les jours que j'ai passés dans la famille de Esteban m'ont permis de repenser ma vie—poursuit-elle pensivement :

—Je n'ai pas osé contredire Nora, car le moment est peut-être venu d'affronter courageusement Monsieur Cortés. Faisons confiance au Seigneur, pour l'instant nous ne pouvons que remettre notre destin aux cieux.

— Il faut faire attention, car Monsieur Cortés n'est pas un homme doux et son comportement inapproprié le trahit toujours.

—Avant de partir, une amie, Cecile, m'a offert ces perles. En chemin, je l'ai lu plusieurs fois, me réfugiant dans ces lignes. Dans ces pages, j'ai cherché et trouvé le courage d'affronter mon destin et de comprendre que les différences au sein d'une famille peuvent aussi être réservées aux vies que nous avons vécues. Écoutez ces lignes :

« *Jésus et le centurion Clarification sur la conversion*[37]

Dans les environs de la Galilée, un centurion déguisé s'approcha de Jésus et lui dit :

- Centurion : Homme qui se réclame de Dieu, que dites-vous de la conversion ? Auriez-vous pitié d'hommes qui ont du sang sur les mains ?

- Jésus : Je sais qui tu es (...) Le monde auquel j'appartiens n'est pas gravé sur le marbre des Césars, ni brodé avec le lin qui fait maintenant partie de la toge des sénateurs ; il n'est pas établi sur les trônes des rois qui m'ont précédé, mais dans le cœur des hommes et dans l'esprit de ceux qui sont entièrement convertis. Ceux qui ont des marques sur les mains ont aussi des marques sur l'esprit, et il leur sera accordé, par miséricorde, la réincarnation comme moyen de transformation. Cependant, tant qu'ils placeront les petites causes de la vie corporelle au-dessus de la volonté de Dieu, par excuse ou par manque de temps, ils ne percevront pas les occasions d'un choix plus juste.

La vie avance au-delà de la limite du regard ; (...) l'esprit ne meurt pas avec le corps. Même si une lance lui transperce la poitrine et le fait périr, il y aura d'autres corps qui serviront de demeure à l'esprit. Tant que vous vous concentrez uniquement sur les causes apparentes, les guerres, sur ce besoin "immédiat", (...) sur ces réponses promptes et immédiates,

---

[37]Page datée du 1er siècle après Jésus-Christ, reproduite par les disciples de l'apôtre Barthélemy et diffusée dans la région d'Arménie (N.A.E. Ferdinando).

vous cultiverez le royaume de la terre et non le royaume qui est celui de mon Père.

Beaucoup de ceux qui se convertiront dans cette vie ressentiront la difficulté de retourner chez eux et, remplis d'espoir, trouveront de la colère et voudront changer ceux qui ne sont pas encore prêts à recevoir mes paroles.

Cependant, revenant dans d'autres vies, ils se repentiront et auront l'occasion de transformer les ténèbres en lumière, car la transformation de chaque enfant de Dieu est lente. Le Seigneur du ciel comprend et ne fait pas payer ; il n'impose pas son amour, mais attend et enseigne, parce qu'il sait que tous se convertiront au bon moment et qu'ainsi la liberté sera accordée aux esprits cristallisés (...) dans une seule existence.

Dès que possible (...) abandonnez votre épée, reposez votre esprit de guerre et attendez le Seigneur de manière opérationnelle, en transformant vos conquêtes éphémères en une foi éternelle, rationnelle et durable. Pour que tu puisses vivre une nouvelle existence, te libérer et connaître la paix d'avoir servi et honoré tes engagements devant Dieu (...) »

—Madame, j'ai écouté chaque mot que vous avez lu, mais il me semble qu'il s'agit de textes interdits. Ai-je raison ?

—Oui. Je vous demande de les garder confidentielles, car je ne veux exposer personne. Aucun des amis de Cortès ne doit connaître leur existence. Si par hasard il m'arrivait quelque chose, promettez-moi de les rendre à la famille de notre regretté Esteban et de ne pas les laisser tomber entre de mauvaises mains. Pardonnez-moi de vous demander cela, mais je n'ai pas le courage de vous demander de les détruire parce qu'ils sont si précieux.

—Ne t'inquiète pas, personne ne saura rien d'autre que nous.

Tu sais que tu peux toujours compter sur moi.

Une grande porte offrait une belle vue sur un jardin typiquement espagnol et bien entretenu. Doña Carmen, accompagnée de son amie, s'y rendait pour se rafraîchir et ressentir un peu de paix, si absente de ses journées.

Chapitre 14

Monsieur Cortés, réalité dangereuse

Tandis que dans la résidence de Felipe, chacun poursuit sa vie entre luttes et joies, au sud, une atmosphère dense et inquiète marque la seigneurie de Monsieur Cortés.

Cet après-midi-là, Madame Carmen resta dans sa chambre, visiblement inquiète, et pria pour obtenir force et sagesse. Lorsqu'elle eut terminé ses prières, elle lut immédiatement après le texte suivant que Cecile lui avait donné :

« *Jésus : une brève introduction*
Sur les mondes habités[38]

(...) Jésus et Jean, aux abords de la Samarie, se reposaient de leur voyage et conversaient :

---

[38] De tous les textes que nous avons traduits, cette page, qui date du premier siècle de notre ère, était la plus particulière dans le sens où nous avons trouvé les termes adéquats pour ne pas en changer l'essence, c'est pourquoi nous avons décidé, pour ce travail, de n'énonce que cette partie. Le texte complet a été massivement distribué dans la région de l'Inde par l'apôtre André (N.A.E. Ferdinando).

- Jean : Maître, tu as dit qu'il y a d'autres mondes au-delà de celui-ci que nos yeux peuvent voir. Alors, dis-nous, (...) sont-ils tous comme celui-ci ? Comment expliquer tant de différences et tant de souffrances ?- Jésus : Vos yeux sont limités à ce qu'ils voient, mais les mondes d'où nous venons sont régis par la bonté de mon Père. Ne vous attardez pas seulement sur les difficultés qui surgissent à chaque retour (...). La demeure de Dieu ne peut être réservée qu'ici. Lorsque nous mourons, nous retrouvons notre vrai moi, (...) notre identité est préservée et tout ce que nous avons appris au cours des différentes vies est utilisé pour nous et pour contribuer à la transformation de tous les enfants de mon Père pour le bien.

Dans chaque existence, l'opportunité est offerte de redécouvrir ceux qui ont participé à nos chemins (...). Ceux qui sont loin de mon Père et de mes enseignements ne comprennent pas que nous ne sommes pas les enfants d'une seule vie. Les mondes sont organisés (...) en fonction de l'enrichissement de chacun. Ceux qui habitent encore dans le primitivisme de l'âme habitent dans les demeures du Père préparées pour eux et reçoivent encore la miséricorde et ceux qui habitent dans l'amour céleste (...) habitent dans le monde d'où je suis venu. Là, l'amour et la bonté sont souverains et la sagesse est le fondement de nos cœurs... ».

Alors que l'heure de l'arrivée de Monsieur Cortés approche, les serviteurs s'empressent de préparer le dîner, sans manquer aucun détail au goût de leur maître.

Enfin, le bruit des chevaux annonce qu'il était arrivé. Soudain, un homme grand et maigre, aux yeux noirs, aux cheveux de neige, au visage fin marqué par de fortes marques d'une expression froide et lourde, descendit du carrosse et entra immédiatement d'un pas ferme, enlevant ses gants et son chapeau.

En entrant dans le manoir, comme d'habitude, il s'assit tandis qu'un serviteur lui versait un verre de vin. Pendant ce temps, Madame Carmen s'approcha de lui et, le voyant, lui dit :

—Eh bien, ma belle-mère— dit-il avec ironie—a décidé de m'écouter et est revenue. J'espère que son séjour en prison a appris à Nora suffisamment de discipline pour qu'elle me respecte.

Il poursuivit sournoisement :

—Tu sais que je t'ai permis de faire appel au haut clergé et de le poursuivre personnellement parce que je me considère comme un homme miséricordieux. D'ailleurs, je ne peux pas, cela ternirait mon image dans la société.

—Arrête de te prosterner. Tu sais très bien que tu as forgé, illicitement, avec tes amis corrompus, toute l'accusation contre ta propre fille, par simple méchanceté et fanatisme religieux. Sans la compassion de mes amis, elle serait morte.

—Tu es très audacieux. Votre fille était comme ça aussi. Ta petite-fille ne pourrait pas être différente. Mais sous mes lois, elle me respectera et fera ce que je veux. Tu sais bien que j'ai rejoint votre fille à cause de l'imposition des affaires de nos familles. Votre mari et moi avons garanti notre avenir en rassemblant nos deux fortunes.

Madame Carmen écouta ces paroles en silence ; bien qu'elle sentît brûler sa poitrine, elle s'efforça de ne pas entretenir plus de discorde. Monsieur Cortés, sévère, continua :

—Aller, amène-moi Nora — se mouillant les lèvres avec du vin et poursuivit:

—Je n'ai pas de temps à perdre. Demandez-lui de venir me voir, car je dois rapidement définir son association avec le noble du Sud.

Conscient de la délicatesse du moment, il décida d'omettre les faits et en disant:

—Ce sera impossible. Elle n'est pas revenue vers moi. - Après quelques instants de réflexion, elle dit avec crainte :

—Elle est encore sous surveillance médicale. D'ailleurs, les médecins eux-mêmes ne l'ont pas autorisée à voyager, car son état de santé est très préoccupant.

—J'espère que vous ne me mentez pas, – dit-il, visiblement nerveux et méfiant—. Tu sais ce que je fais à ceux qui osent me contredire.

Les domestiques écoutent cette conversation en silence. Consciente qu'elle ne pouvait rien faire, Madame Carmen se retira.

Quelque temps plus tard, alors qu'il arpentait nerveusement la pièce et que sa fille l'obsédait de façon malsaine, Monsieur Cortés appela un serviteur. Dès qu'un jeune homme mince arriva, il lui dit :

— Je veux que tu ailles à Jerez de la Frontera[39] et que tu y cherches un monsieur qui s'appelle Sahir et que tu lui remettes cette lettre —. Les yeux rouges et brillants, il poursuivit :

---

[39] Les premières informations sur Jerez remontent au Ier siècle avant J.-C., lorsqu'un géographe grec écrit que des vignobles ont été plantés dans la région vers 1100 avant J.-C. par les Phéniciens. Cette version a été confirmée par un autre historien romain, Rufus Festus Avienus, au IVe siècle après J.-C. Récemment, deux sites ont été découverts, dont l'âge présumé est le VIIe siècle avant J.-C., ce qui prouve que la Jerez phénicienne était au moins contemporaine de celle de Carthage. L'occupation grecque a suivi, avec ses raffinements sensoriels, carthaginoise, puis romaine, qui a intensifié le trafic de produits agricoles dans la région, en particulier l'huile d'olive, le vin et le garum (sauce amère à base de poisson). La domination romaine a duré de 133 avant J.-C. à 409 après J.-C., et la ville s'appelait Ceret et Ceritum. Après la chute de l'Empire romain, la région a été envahie par les

—Tu seras bien récompensé pour ton travail.

Quand le serviteur est parti sans un mot, Monsieur Cortés, seul et visiblement agacé, a prononcé quelques mots en l'air :

Vandales, qui l'ont appelée Andalousie. L'occupation wisigothe n'apporta pas grand-chose à la culture du vin et la ville fut appelée Seretium. En 711, les Arabes perdent la possession de la région à Pago de La Ina, qui signifie "maintenant", et la rebaptisent Scherish.

Le mot Jerez dérive du latin xerez, qui vient lui-même de l'arabe « apreciar ». Au début, pendant l'occupation arabe, la consommation de xérès n'a pas été remise en question, malgré l'interdiction du Coran. Cependant, en 966, le calife Alhaken décida d'arracher tous les vignobles de Xérès. Prétextant que les raisins pouvaient être transformés en sultanes pour nourrir les guerriers, la population locale réussit à obtenir que la sanction ne s'applique qu'à un tiers des vignobles. La domination arabe a largement contribué à façonner la culture de la région, dont les habitants actuels ont hérité des monuments, de la musique populaire, des coutumes, du caractère et de l'idiosyncrasie des Jerezanos.

En 1264, Alfonso X, "le Sage", a reconquis la région sur la chrétienté, ce qui a donné un grand élan à son vin. À cette époque, le vin faisait déjà l'objet d'un commerce avec l'Angleterre, le nom arabe de la ville étant "Sherish". En 1150, le géographe arabe Al Idris a dessiné la région de production, dont la carte se trouve aujourd'hui en Angleterre. Jerez de La Frontera a été appelée ainsi en raison de sa situation entre les zones chrétiennes et musulmanes. (texte extrait du site : http://www.abs-sp.eom.br/conteudo/page cont_69 .asp - Acesado em 24 de junho de 2007).

—Je veux Sahir à mes côtés. Il a toujours exécuté mes plans et maintenant je suis sûr que j'aurai besoin de ses services.

Monsieur Cortés, plongé dans ses pensées, ne se rend pas compte que, dans l'invisible, des êtres temporairement éloignés de l'amour de Dieu hantaient son esprit et parmi eux la forte personnalité de Victor se manifestait à la tête d'autres créatures qui lui obéissent au doigt et à l'œil.

∞ O ∞

Madame Carmen continue de cacher à Monsieur Cortés l'information sur le mariage de Nora. Ce soir-là, à travers l'épais brouillard, Sahir, un homme sombre et fort aux traits mauresques évidents, arrive à la résidence. Descendant habilement de son cheval, elle se dirige rapidement vers le hall principal où un serviteur l'accueille et lui indique où se trouve Monsieur Cortés. En le voyant, après l'avoir salué, il lui dit :

—Mon cher, quelles sont les bonnes nouvelles, as-tu fait ce que je t'ai ordonné dans cette lettre, es-tu allé à Barcelone ? Dis-moi, qu'as-tu appris au sujet de Nora ?

—Malheureusement, les nouvelles que j'apporte ne sont pas bonnes. Sa fille a épousé un Français nommé Antoine et vit avec la famille des docteurs Felipe et Yasir. D'après ce que j'ai pu voir sur place, il doit abandonner l'idée de la marier au noble du Sud, car il semble qu'ils soient très heureux.

Les yeux rougis de Monsieur Cortès ne cachent pas sa colère. Il hurle comme s'il manifestait une haine incontrôlable. Quelque temps plus tard, se calmant, il engloutit le vin qu'on lui avait servi et rugit :

— Ne sois pas stupide et ne viens pas avec ces expressions de bonheur. Cette satanée chose ! Je me doutais bien qu'il se passait quelque chose, mais je n'aurais jamais imaginé que ce soit ça. Ma belle-mère m'a caché ce fait, mais elle sera dûment punie pour cela. Je ne permettrai pas cette infamie. Je me vengerai et, même si je ne peux honorer mon engagement professionnel, je promets que je détruirai tous ceux qui sont impliqués dans cette tromperie. Quel que soit ce jeune homme, il ne vivra pas assez longtemps pour continuer cette histoire avec Nora.

Je veux que vous restiez dans cette région, car j'aurai à nouveau besoin de vous. J'appellerai l'évêque Armando de Segovia[40] pour qu'il s'entretienne avec moi. J'aurai besoin de ton aide. En plus d'être mon ami proche, il est militant à la Cour de Barcelone. De plus, il me doit de nombreuses faveurs. Nous avons fait beaucoup de sales boulots ensemble. Il ne cessera pas de m'aider dans cette affaire. Je dois trouver un plan pour ma fille. La marier à ce noble, car tout ce que j'ai est en jeu. Si elle ne l'épouse pas, je perdrai ma fortune à cause des dettes personnelles que je lui dois.

A ce moment-là, l'atmosphère est viciée et lourde d'un air nuageux. Dans l'invisible, des êtres sombres ont pris possession de la pièce et l'un d'entre eux attire particulièrement l'attention. Il s'agit de Victor qui, par un magnétisme ostensible, s'est connecté à l'esprit de Monsieur Cortés, le transformant en une seule pensée.

Dans le même environnement, des figures illuminées tentent de contenir le groupe, mais elles ne remarquent même pas la présence fraternelle qui remet entre les mains divines ces cœurs temporairement éloignés de Dieu.

∞ O ∞

---

[40] Pour cette histoire, respectant la demande de nombreux amis, nous appellerons ce personnage Armando de Segovia qui, à cette époque, était un vil inquisiteur actif à Barcelone (N.A.E. Tiago).

Un matin, un serviteur annonce l'arrivée de l'évêque Armando et d'un jeune homme. Madame Carmen, inquiète, les accueille et les accompagne immédiatement à la bibliothèque où Monsieur Cortés s'occupe de ses affaires. Elle demande aussitôt à la vénérable femme la permission d'entamer son entretien secret avec un ami. Monsieur Cortés regarda le jeune homme avec méfiance lorsque l'évêque lui dit:

— Voici Diego, un savant du Sud, que j'ai rencontré lors d'un de mes voyages. J'ai été frappé, entre autres, par son intelligence et j'ai donc décidé de l'amener ici, afin qu'il reçoive toute l'instruction nécessaire pour poursuivre une carrière religieuse avec plus de censure—. L'admirant, entre sourires et traits d'esprit, il poursuit :

— Avec mon aide, il sera un grand nom parmi nous. Ne vous laissez pas intimider par lui, c'est mon protégé et, à ce titre, je lui fais entièrement confiance.

Bien qu'il se sente mal à l'aise, Monsieur Cortés lui dit :

—J'ai besoin de votre aide. J'ai besoin que ma fille épouse ce monsieur du sud dont nous avons parlé. Vous savez ce que cela signifie pour nous tous : beaucoup d'argent.

—Je connais tous les détails de son histoire, alors, pour calmer cette âme anxieuse, nous l'avons envoyée à la Réclusion de Notre-Dame de la Compassion—. L'évêque a poursuivi avec ironie :

—Dites-moi, que devons-nous faire maintenant ?

— Ma belle-mère est allée demander de l'aide à des médecins de la région de Barcelone », poursuit-il pensivement, « un homme appelé Felipe et un autre appelé Yasir. Arrivée là-bas, et après avoir sorti Nora de son isolement, la malheureuse est tombée amoureuse des charmes d'un jeune homme, l'a épousé et a refusé de revenir ici. Elle me défie comme un animal indompté. Elle pense pouvoir me faire des affronts, mais c'est impossible. J'ai tendance à être impitoyable avec mes ennemis, peu importe s'ils ont mon sang en eux. Vous vous souvenez de ce que j'ai fait à sa mère ? Cette misérable a osé me trahir auprès de ce misérable marchand malaguène, toutes deux ont senti le poids de ma colère. Je crois même que la mère de Nora vit à travers elle. C'est mon plus grand martyre.

— Qu'avez-vous dit ? Nous devons la ramener dès que possible. Elle ne peut donc pas épouser le noble ? Comment se présenteront nos affaires ?

— Grâce à Sahir, j'ai appris qu'il y avait des activités suspectes dans ce manoir. J'ai consulté quelques nobles de Barcelone qui ne sont pas à l'aise avec l'école que ces médecins ont fondée. Ils soutiennent des écrivains, des penseurs fous, des voyageurs venus de France avec des idées d'égalité et qui défient même l'Église. J'ai aussi appris qu'il y a une révolte dans ces lieux, déclenchée par les "pavés".[41]

Si c'est vrai, vous contacterez nos amis du clergé afin que nous puissions unir nos forces pour les faire taire une fois pour toutes. Je veux que vous convoquiez des hommes de confiance et que vous sachiez tout sur les habitants de la résidence des médecins. D'après le peu que j'ai appris, nous utiliserons nos moyens pour falsifier certains rapports. Ainsi, les imbéciles feront notre travail et nos noms seront préservés.

—Cela ne posera pas de problème. Nous avons beaucoup d'hommes répartis dans une grande partie de l'Espagne. Ils me doivent tous des faveurs, il ne sera donc pas difficile d'en placer quelques-uns pour les garder— dit l'évêque.

---

[41] Travailleur qui pave les rues avec des pierres juxtaposées ; fumeta.

—Nous devons nous débarrasser de ce Felipe et de son cousin Yasir. Ces salauds ont collaboré aux derniers événements—. Ils ont fait preuve d'un fanatisme religieux visible et d'une cupidité persistante :

— Si ce qu'ils disent de la bonté de ces médecins est vrai, nous pouvons transformer leurs vertus en actes de sortilège.

Diego écoute attentivement cette conversation. Comprenant qu'elle pourrait lui faire du bien, il l'interrompt :

— Messieurs, pardonnez-moi d'intervenir, mais je pense pouvoir vous aider. Je connais très bien les familles auxquelles vous faites référence. Je suis peut-être la bonne personne pour découvrir ce qui se passe dans ce manoir. Je vous assure que j'ai accès à eux. Il y a toujours eu des attitudes qui donnent lieu à la sorcellerie ou à des conspirations contre l'Église. Il ne sera pas difficile d'avoir des preuves contre eux. J'effectuerai volontiers mon travail.

— Comment se fait-il que je n'y aie pas pensé plus tôt ? — dit l'évêque—. Vous êtes le fils du docteur Yasir. Grâce à vos informations, je pourrai user de mon influence au tribunal de Barcelone. Préparons votre voyage pour bientôt.

— Très bien, nous devrons être astucieux, et tout ce que nous pourrons obtenir en notre faveur, nous devons le rechercher. Essuyant la sueur de son front, Monsieur Cortés continua :

— Je pense que le moment est venu pour moi de me séparer de Madame Carmen. Je veux que vous engagiez un homme de confiance pour effectuer ce travail sans laisser de traces qui pourraient m'incriminer. Tout devrait ressembler à une mort naturelle pour que personne ne me soupçonne, car tout le monde sait qu'il y a beaucoup de différences entre nous. Puis Nora, en apprenant sa mort, reviendra ici et les autres seront détruits. Je reprendrai alors le contrôle.

— Êtes-vous sûr de vouloir vous séparer de Madame Carmen ? Si c'est votre souhait, je l'exaucerai. Ne vous inquiétez pas dès que nous nous serons débarrassés de cette femme.

J'ai rencontré, lors d'un de mes voyages, un homme qui s'y connaissait en herbes. Il avait beaucoup de mal avec un certain chanoine, alors il a fait un mélange qui l'a empoisonné et l'a rendu malade. Je l'ai donc écarté de mon chemin sans que personne ne s'en aperçoive. Comme Sahir n'est pas loin, je pense qu'il peut m'aider. Je lui demanderai d'aller voir cet homme demain et de lui procurer quelque chose de semblable. Ainsi, il pourra mélanger cette herbe aux repas de la vénérée et, dans quelques jours, elle sera morte.

Entre deux verres de vin successifs, ces hommes ajustèrent le sombre plan selon leurs sombres désirs.

Chapitre 15

La " révolte des pavés"[42]

      Tandis que dans la résidence de Monsieur Cortés les ombres devenaient évidentes, à Barcelone le travail de distribution des textes continuait. Grâce au travail acharné de ces fils de Dieu qui s'étaient consacrés à les mettre entre de nombreuses mains, la région de Catalogne était entourée d'un fort syncrétisme religieux, ainsi que d'idées de liberté et d'égalité.

---

[42] Nous utilisons l'expression "Révolte des pavés" pour dresser le profil des hommes du peuple qui travaillaient la pierre dans la construction des rues, des châteaux et des maisons, et qui ont pris part à cette rébellion qui s'est étendue à toute la Catalogne. Il est donc peu probable que nous trouvions, dans les pages de l'histoire d'aujourd'hui, des documents contenant des preuves à l'appui de ces faits, ainsi que de nombreux autres de cette nature, car ils ont été complètement supprimés et effacés des archives de l'humanité par la force politique, militaire et religieuse qui a opéré à cette occasion. (N.A.E. Tiago)

L'école fondée par Bernard, et entretenue par les médecins et Morilo, formait des esprits rationnels et parmi eux le fils de Ramirez, Pablo, qui se joignit à eux, et surtout Antoine.

Ce matin-là, une fine bruine recouvre la région. À la résidence des médecins, Cecile s'occupe de ses tâches ménagères lorsqu'elle voit apparaître à l'entrée principale un homme de petite taille, au teint clair et aux yeux bleus. Après une brève salutation, j'ai compris à son fort accent qu'il était français. Enlevant son chapeau, il dit :

— Noble dame, je suis Etiene et je viens en paix et à la recherche de mon ami Bernard —. S'avançant lentement vers elle, il poursuivit :

— D'après les descriptions que j'ai reçues, vous devez être Cecile, la « médiatrice » dont vous avez parlé dans la dernière lettre que vous m'avez envoyée.

—Oui, c'est Cecile. Pour l'amour de Dieu, pardonnez-moi l'émotion qui m'étreint en ce moment. Croyez-moi, nous étions impatients de vous rencontrer, soyez les bienvenus. Bernard nous a beaucoup parlé de vous.

Pendant ce temps, les médecins s'approchent. Après de brèves présentations, Catarina intervient chaleureusement :

—Vous devez être épuisé, donnez-moi votre manteau, car il semble humide. Je vais vous chercher à boire pour que vous puissiez parler.

—Bernard n'a pas tari d'éloges sur tous ceux que je viens de rencontrer. En fait, j'ose dire qu'il n'avait pas tort, ils sont très spéciaux et accueillants. Dis-moi, où est mon ami ?

—Mon cher, dit Yasir, les nouvelles que nous avons ne sont malheureusement pas les meilleures. Ces derniers temps, il a contracté une grave maladie et n'a pas pu résister aux souffrances qui ont massacré son corps. Quelques jours après que je lui ai envoyé une lettre, il est mort.

La tristesse et les larmes involontaires marquent le visage d'Etiene. Il dit à son tour :

—Je regrette profondément cette perte ! Que faire maintenant avec les textes ? J'ai été surpris par les exemples qu'il m'a envoyés. J'ai donc décidé de venir personnellement ici pour en recueillir quelques exemplaires.

— Mon cher— dit Felipe—, nous continuons à diffuser cette œuvre, même face à diverses difficultés, nous avons trouvé le soutien de beaucoup.

—Bernard a toujours été préoccupé par l'orientation du christianisme, tout comme moi—. Sans cacher sa tristesse, Etiene poursuivit :

—En lisant cette page, j'ai compris que quelque chose de plus grand que mon entendement demandait de l'attention. Regardez ce joyau :

« (...) Jésus parle des morts avec Matthieu[43]

- (...) Matthieu : Maître, vous avez dit partout où nous sommes allés que les morts peuvent communiquer avec nous. Mais dis-nous en plus à ce sujet.

- Jésus : Il y a beaucoup de choses à savoir à ce sujet, mais comme nous ne sommes pas les enfants d'une seule existence, au moment

———————

[43]Ce texte complet est daté du 1er siècle après Jésus-Christ parmi les pages de l'Ancien Testament et a été massivement distribué dans la région de l'Europe et une partie de l'Orient par les disciples de Barthélemy, ayant sa plus grande expansion en se référant à la distribution et l'acceptation dans la région de la Palestine avec l'aide de Pierre (apôtre) (N.A.E. Ferdinando).

de notre mort nous sommes comme des arbres mal nourris (...) qui ont perdu leur sève au moment de leur taille, mais quand ils meurent ils ressuscitent, ils naissent robustes, beaux et pleins d'espoir.

En dehors de moi, ceux que vos yeux ne voient pas parlent. Comme elle est grande la miséricorde de mon Père, (...) et grande sa compassion pour ceux qui se sont fiés à sa promesse en restant compatissants, doux et fidèles, car face à la mort ils ne seront pas tentés de douter que la vie subsiste au-delà du corps.

Écoutez ce que je dis et dites-le aussi (...) ceux qui sont déjà passés dans cette vie et qui ont laissé le chemin de Dieu dans les Écritures, ce sont eux qui m'ont précédé et qui, dans la sagesse des rois, d'Abraham, de Daniel, d'Esther ou de Judith (...) n'ont jamais pu se taire. Tandis que je vous parle, j'entends les voix dans leurs oreilles qui vous saluent et chantent des psaumes comme autrefois au Dieu souverain, comme ceci :

Nous chantons au Seigneur pour que, de génération en génération, on n'oublie pas (...) notre Seigneur, car il est vrai, qui est au-dessus des nuages du ciel ; la justification de ceux qui ont connu la tombe (...) et qui vivent au-delà ; car ceux qui croient au Fils de Dieu connaîtront la vérité, et rien ne vous sera caché ; qui ne tire pas de flèches ni d'épées, mais qui corrige la langue qui blesse. Heureuse la terre, car c'est d'elle que nous venons, et c'est vers elle que nous retournerons. Avec nous, l'armée de Dieu aime et reconnaît son fils qui restaure la terre, comme il a fait renaître de ses cendres notre Israël dévasté par les Assyriens. Le fils de Dieu tend l'oreille vers nous, même s'il sait que nous n'avons pas grand-chose à lui apprendre, mais il nous écoute avec complaisance en affirmant que nous ne mourons pas et que nos chemins nous ramèneront peut-être un jour sur Terre dans d'autres corps, avec d'autres noms, mais que nous apprendrons ses enseignements et saluerons son triomphe en tant que roi des rois (...) ».

Pendant que Catarina servait la table, ces cœurs restaient en conversation banale, détaillant les lignes d'un nouveau lendemain et la route de distribution de ces textes qui, pour eux, étaient très spéciaux.

Cet après-midi-là, Morilo, Cecile et Nora se rendent au marché pour livrer des textes à un libraire. Ils ont donc mis du pain et du bœuf séché dans un chariot, à l'intérieur duquel étaient cachés les textes. Etiene, qui ne voulait pas les accompagner, les regarde attentivement et s'étonne.

—Est-ce que je pourrai y aller avec eux ? J'aurai donc l'occasion de connaître la ville.

—Nous serons heureux de vous accueillir—dit Nora.

La lenteur de la voiture leur permet de parler. Traversant Harbour Street[44] en marchant doucement, ils sont soudain surpris par le garde local :

—Arrêtez-vous ! Dites-moi, mesdames, que transportez-vous dans ces paniers ? – Bien que la situation soit très délicate, Cecile se calme et répond :

—Messieurs, il s'agit de pain et de viande séchée que nous vendons au magasin.

---

[44] Cette note a été publiée dans le livre Cetros Partidos. D'après les informations fournies par l'auteur spirituel Tiago, elle fait référence à une rue principale de Barcelone que nous appelons les Ramblas. En arabe, ramblas signifie « lit de rivière ». C'est la rue la plus animée de Barcelone. Las Ramblas commencent à la Plaça Catalunya, traversent le quartier gothique et se terminent au vieux port (Port Vell - Porto Velho).... janvier 2005) (Texte extrait du site : http://www.wallstreet.hpg.ig.com.br/bamapasseios.htm - Consulté le 28 janvier 2005).

Ceux-ci, ne se doutant de rien, les ont fouillés sans se rendre compte de ce qui se passait.

—Faire attention. Par décret local, nous recherchons les maudits pavés rebelles, des hérétiques qui fomentent un soulèvement.

L'un des gardes, regardant les paniers de pain, dit :

—Je vais en prendre pour nous.

Nora s'interpose habilement. Avant qu'il ne puisse sortir le pain, il découvrit une corbeille à main, il continua :

—Noble monsieur, prenez ceci, car c'est plus frais. Laissez-les plus vieux pour que nous les échangions.

Il accepte l'offre sans hésiter et part, accompagné des autres soldats. Etiene ne cache pas son étonnement et intervient :

—Je perçois qu'ils sont habilement bien préparés, ils n'ont même pas hésité devant ces hommes—. Essuyant la sueur de son front, il poursuivit :

—En entrant dans cette ville, j'ai remarqué une forte agitation. Qu'est-ce que la « Révolte des Pavés » ?

—Les gens d'ici sont conscients et ne se laissent pas abattre par le pouvoir de la papauté— déclare Morilo—. De nombreux soulèvements populaires ont lieu ici. Les cordonniers ne supportent plus l'oppression à laquelle ils sont soumis. En raison des conditions infrahumaines, de nombreux maçons qui travaillaient dans les châteaux sont morts et leurs familles ont été soumises à de tristes tortures et privations. Le point culminant de cette rébellion fut la mort de quinze hommes qui construisaient l'église de la Résurrection[45]. L'évêque local l'attribua à un manque

---

[45]En raison de la "révolte des pavés", la construction de cette église n'a pas été achevée et ses structures inachevées ont été supprimées par des ordres de la papauté dans le cadre de

de discipline. Puis, en accord avec le gouvernement local, pour donner l'exemple aux autres humbles travailleurs, il a ordonné que trois hommes soient fouettés à mort parce que, selon l'évêque, ils avaient reçu des ordres démoniaques contre l'église. Alors, sous la conduite d'un certain Ramirez, père de Pablo, un jeune de notre école, soutenu par mon bon ami Inarus, qui aimait les idées de liberté et d'égalité de Bernard, ils s'organisèrent et demandèrent le soutien de l'Eglise et de la Justice, mais ils ne furent pas écoutés. L'évêque local, mécontent des insultes, a fait prêter serment de mort aux survivants impurs. Beaucoup rejoignirent bientôt Ramirez et aujourd'hui, dans la clandestinité, ils représentent un grand affront pour le pouvoir local.

De nombreux ouvrages — poursuit Marilo — ont été préparés par divers écrivains qui se répandent dans toute l'Europe en apportant de la lucidité sur les normes religieuses qui nous sont imposées. Beaucoup d'entre eux ont obtenu des résultats surprenants malgré l'opposition qui existe contre eux pour affirmer l'amour pur que Jésus a laissé sur Terre, ils devraient servir d'exemple à l'Église, mais malheureusement une grande armée se lève contre ces soldats de la lumière et l'information qu'ils défendent.

— D'ailleurs, à tout prix— dit Cecile—l'Église et l'État ont intérêt à faire taire cette révolte, sinon d'autres éclateront. On dit que de toutes les rébellions qui ont commencé ici, celle-ci est la plus résistante. Ils nous aident à distribuer les textes. Nous sommes donc prudents dans notre travail. Nous avons diffusé les destinataires de ces textes dans toute l'Europe, et nous nous assurons donc que les copies se trouvent dans de nombreux

---

la stratégie visant à effacer de l'histoire toute ligne se référant à ce mouvement rebelle (N.A.E. Ferdinando).

endroits, afin qu'elles ne se perdent pas, au cas où il nous arriverait quelque chose.

— Je ferai aussi ma part— dit Etiene— et j'enverrai des lettres à des amis qui pourront étendre cette distribution à l'Est. En effet, il faut être prudent car si les hommes qui font partie de ce mouvement aident à la distribution des textes, il vaut mieux être attentif à toutes leurs attitudes pour ne pas éveiller les soupçons.

Sans un mot de plus, ils se dirigent vers la boutique voisine où ils trouveront le libraire qui emportera les copies des textes vers le nord de l'Europe.

Chapitre 16

Diego, la personnification des larmes

Suivant les ordres de l'évêque Armando de Segovia et l'accord signé avec Monsieur Cortés, Diego part pour Barcelone.

Cet après-midi-là, sous un ciel gris et sombre, une fine bruine froide s'abat sur la région. Un somptueux carrosse s'arrête devant la résidence des médecins. Diego, vêtu d'une luxueuse robe de chambre, descendit, aidé par le cocher.

Sans perdre de temps, il se dirige vers la salle principale. Sans l'annoncer, il surprend tout le monde. Après les avoir salués, il dit :

— Je constate que tout le monde est surpris par ma visite.

Il poursuivit en se dédouanant :

— Je passais par là et j'ai décidé de m'arrêter ici.

— Eh bien, eh bien— dit Yasir, visiblement agacé—. Après tout ce temps sans nouvelles, reviendrez-vous ici par hasard? Quelle est la véritable raison de cette visite ?

— Ce n'est qu'une brève, très brève visite— ajoute-t-il d'un ton provocateur :

— Je constate qu'ils vivent toujours dans une situation de grande pauvreté. Je me demande souvent si je ne suis pas leur fils. C'est une torture pour moi de vivre parmi une caste absolument inutile, mais comme je ne reste que deux jours, je pense que je vais survivre, car je vais bientôt continuer mon voyage. En regardant les femmes, il a continué :

— Ici continue d'être une redoute de misérables. Regardez combien de personnes vivent sous le même toit.

Pendant ce temps, Morilo et Etiene entrent dans la pièce. Diego, sarcastique, en les regardant, continue :

— Tiens, tiens, si ce n'est pas le déserteur boiteux ! Il n'a pas pu porter le sacerdoce, alors il est venu se cacher parmi les perdants !

Une forte tension régnait dans cette atmosphère. Yasir, volontairement, le poing serré, s'avance vers son fils. Se rendant compte du danger, Felipe le retient essayant de contenir son élan. Catarina, bien qu'elle soit contrariée, s'interpose :

— Diego, puisque tu es ici, je vais te préparer une chambre et un repas chaud. Tu pourras ainsi te reposer d'un voyage si épuisant, mais je te prie de réfréner tes élans pendant les jours que tu passeras ici.

Sans rien dire, mais avec beaucoup de moquerie et d'arrogance, Diego quitta la pièce accompagné de Catarina,. Pendant ce temps, Felipe s'inquiétait :

— Je soupçonne que tu n'es pas ici par hasard. Soyons donc prudents dans nos attitudes. En regardant Cecile, il poursuit :

—Tant qu'il sera là, nous ne prendrons pas contact avec l'invisible et nous devons aussi contenir la diffusion des textes.

— Tu as raison, cousin. Bien qu'il soit du même sang que nous, il est très différent de nous. Nous devons être prudents, sinon nous perdrons tout. Nous collecterons les copies et les conserverons uniquement à l'école.

Ces cœurs étaient donc indécis quant à ce qu'ils allaient faire le lendemain.

∞ O ∞

Deux jours se sont écoulés depuis l'arrivée de Diego. Attentif à toutes les actions qui se déroulent dans cette résidence, il regarde tout le monde d'un air méfiant et austère. A l'école, selon les ordres de Felipe, les sujets des leçons sont banals pour ne pas éveiller les soupçons. Entre-temps, les femmes ont cessé de distribuer les textes. Pour plus de sécurité, Etiene avait sorti les copies de cette résidence et les avait remises à Inarus qui, à cette occasion, avait rejoint Ramirez dans le mouvement des « pavés ».

Cependant, une atmosphère de terreur, de crainte et de méfiance régnait dans l'air. Pourtant, chacun reste ferme et mesuré.

Ce matin-là, après le petit-déjeuner, Morilo, Antoine et Etiene s'apprêtent à partir pour l'école. Essayant de garder Diego sous surveillance, Morilo suggère :

— Tu ne veux pas te joindre à nous ?

— Je suis indisposé – dit Diego d'un air narquois, – je vais m'occuper de mes lectures.

Lorsqu'ils partirent, les médecins et les femmes les suivirent pour accomplir leurs tâches. S'assurant qu'il était bien seul, Diego fouilla la pièce, la parcourant en long et en large. Rempli de rage et prononçant des mots en l'air, il ne cache pas son mécontentement :

— Il doit y avoir quelque chose ici qui me servira de preuve à remettre à l'ecclésiastique. Grâce à cela, je pourrai conquérir ma position de preuve. Ces salauds doivent avoir quelque chose de précieux pour moi —. Le visage enveloppé d'une ombre, il continua :

—Je serai très heureux de voir Felipe à côté de mon père, brûlant sur le bûcher ou mourant en prison.

N'ayant aucun espoir de trouver des preuves contre ces fils de Dieu, il se rend à la cuisine pour chercher de l'eau. Malgré toutes les précautions prises par les médecins pour faire disparaître toutes les preuves qui pourraient les incriminer, en marchant prudemment, Diego se heurte par hasard à une saucisse et trouve à l'intérieur trois papiers roulés. Il les sort et lit immédiatement l'un d'entre eux :

« Jésus et l'Égyptien

La victoire de la vie et le silence du sépulcre[46]

- *Égyptien : (...) Je viens d'Égypte, où les pharaons exaltaient la grandeur et la richesse de la vie, mais n'oubliaient pas que la mort passagère les ferait retourner au corps qui un jour animait leur essence. Les pharaons restent souverains et leurs corps momifiés attendent leur retour. Dans votre croyance, ce précepte révèle-t-il vos mystères ?*

- *Jésus : Je ne vous révèle pas tous les mystères de mon Père et de moi-même, car vous ne comprenez pas encore les vraies raisons qui m'ont amené ici. Les richesses qui entourent les hommes en apparence manifestent les images de leur esprit.*

L'apprentissage de nombreuses vies parle de vous. Les dieux des pharaons croyaient qu'après la mort, ils pouvaient revenir dans le même corps rempli de pourpre et d'aura. Mais en vérité, je vous le dis, nous avons vécu plusieurs vies et aimé plusieurs amours.

---

[46] Ce texte a été traduit à partir de l'original datant de l'an 1 de notre ère. Sa paternité a été attribuée à l'apôtre Barthélemy et il a été distribué dans toute la région orientale. (N.A.E. Ferdinando)

Les sages et les prudents comprennent que le trésor durable est celui qui provient de la lumière. Quiconque n'est pas attaché au corps, mais recherche la sagesse et la transformation, comprend la lumière que je représente.

(...) Ayez pitié de ceux qui croient que le corps ne dépend que de la matière ; ce qui anime le corps, c'est l'esprit unique, plein d'expériences de son passé et vivant une existence à la fois.

Vos pharaons, qui habitent aujourd'hui le monde que vous ne voyez pas, ne reviendront pas, ils habiteront le même cadavre qui repose dans le silence de la tombe. Bien souvent, ceux qui furent rois seront serviteurs demain, ceux qui furent serviteurs hier pourront continuer à être serviteurs de ma Paix, parce qu'ils devront apprendre les leçons que chaque vie particulière apportera à leur esprit, chaque retour que mon Père leur accordera. Vous serez revêtus d'habits neufs afin de remplir vos missions et d'apporter votre sagesse de nombreuses vies à la transformation de la Terre en un royaume de justice et de liberté (...)".

—Voilà donc ce qu'ils reproduisent... les textes interdits—dit-il entre deux sourires sarcastiques—. « Insensés », c'est mieux que ce à quoi je m'attendais. Je vais voyager aujourd'hui et remettre ces pages à l'évêque Armando de Segovia. Voilà ma gloire.

Sans cacher son bonheur, Diego s'en va rapidement, essayant de se préparer pour le voyage. Quelque temps plus tard, Diego surprend tout le monde. Sans explication, il dit au revoir et s'en va, emportant avec lui le résultat de son pillage et la satisfaction de son triomphe.

Chapitre 17

Entre nouvelles, clarifications et lucidité

Ce matin-là, Felipe et Yasir préparent des onguents pour les malades, tandis que les femmes s'occupent des tâches quotidiennes, lorsqu'une humble voiture s'arrête devant la résidence des médecins à Barcelone. C'est Rodriguez qui en descend et qui, après avoir salué le chauffeur, va à la rencontre de Nora. Les médecins l'accueillent et se dirigent vers la salle principale. En entrant, après les salutations, il fut chaleureusement accueilli par Nora, qui lui dit :

— Tu as déjà rencontré une partie de ma famille, mais dites-moi maintenant : qu'est-ce que tu fais ici ? Et ma grand-mère ?

— Mon enfant, ma santé m'a abandonnée depuis longtemps. Ce voyage a été une épreuve pour moi—. Après s'être remise d'une violente quinte de toux, essuyant ses larmes, elle poursuit :

— Je suis venu ici motivé par une raison très spéciale et très triste. Malheureusement, ta grand-mère Carmen est tombée malade et n'a pas pu supporter le tourment de cette maladie inattendue.

Immédiatement prise de désespoir, Nora s'évanouit. Yasir l'installe gentiment sur un lit, tandis que Cecile part à la recherche de son frère.Quelque temps plus tard, Antoine arrive et apprend immédiatement les faits. Malgré le chagrin de Nora face à la perte de sa grand-mère, le bonheur se lit sur les visages de ces cœurs. Se caressant les cheveux, le jeune homme écoute le diagnostic de Yasir :

— Chéri, tu vas être père. Ta femme attend un enfant.

Nora ne cache pas sa joie mêlée de tristesse.

Lundi

Prenant la main d'Antoine, elle lui dit :

— Mon cher, Dieu nous a donné cette surprise spéciale, mais la douleur de l'absence de ma grand-mère marque mon âme et je ne peux pas la supporter.

Alors que les mots se taisent dans son cœur, Antoine, les yeux pleins de larmes, embrasse le front de la jeune femme pour tenter d'apaiser sa souffrance passagère. Les autres respectent le moment, mais gardent sur leurs visages l'inévitable joie.

Felipe ferma les yeux et, cherchant en lui-même l'inspiration sublime, il pria :

— Seigneur Jésus-Christ, nous sommes pleinement conscients de ton amour. Il nous permet de le transformer en réalisations et, dans chaque acte, en un nouveau commencement et, dans chaque nouveau commencement, en un triomphe pour suivre un chemin un peu plus loin. Nous accueillons avec résignation et joie un de tes enfants qui vient à la vie par ce sein. Cependant, apprends-nous à comprendre que pour naître, il faut mourir dans la matière. Donne-nous la sagesse de remettre nos cœurs entre tes mains sans imposer ni compter le temps perdu.

Permets-nous de nous souvenir du passé comme si nous étions ceux qui regardent en arrière sur leurs propres triomphes parce que, dans chaque victoire, même si elle est remplie de larmes, il y a des moments de sagesse qui ne seront jamais effacés de notre existence. Reçois de nous la certitude que nous sommes toujours ceux qui exaltent ton nom, qui, face à ton amour, reconnaissent un empire indestructible de justice et de bonté dans le sillage de nos jours.

Pendant ce temps, dans l'invisible, les figures douces et rayonnantes de Maria Alcantara, Monsieur Sancho et Esteban, entre autres, se tenaient en prière, apportant lumière et courage à ces cœurs. Enveloppés par une force céleste, leurs yeux brillaient à l'idée que Juana[47] reviendrait à la matière dans la condition temporaire de fille d'Antoine et de Nora.

∞ O ∞

Entre-temps, on a su que l'état de santé de Rodriguez ne durerait pas longtemps et qu'il ne survivrait pas à la journée de repos, car les malheurs d'une grave maladie qui s'était installée dans ses poumons s'étaient aggravés à cause du voyage difficile. Il a été logé avec amour dans un humble lit.

Quelque temps plus tard, Yasir, pressé, appela tout le monde dans la chambre où le vieux Rodriguez souffrait d'une crise grave, soutenu par Nora et Felipe.

Peu de temps après, rétabli, Rodriguez appela timidement Felipe et lui tendit un petit paquet en lui disant :

— Madame Carmen, avant de mourir, m'a fait jurer de vous les rendre. Elle s'inquiétait des agissements de son gendre

---

[47] L'histoire de ce personnage a été racontée dans les livres Larmes du soleil et Sceptres fendus (N.A.E. Ferdinando).

et craignait des représailles s'ils tombaient entre de mauvaises mains. Noble docteur, je sais que je meurs et je vous prie de soulager mon cœur pour que je puisse partir en paix.

Soudain, il fut pris d'une violente quinte de toux. Serrant la main du médecin et entre de brefs soupirs, le corps flétri libéra l'esprit. Il fut immédiatement enveloppé d'une léthargie incontrôlable et recueilli par la bonté de ces êtres de lumière que sont Maria Alcantara et Monsieur Sancho. Enveloppés d'une lumière bleutée, ils se retirèrent de cette pièce, tandis que les autres, emportés par d'intenses émotions, restaient unis, essayant d'adoucir le cœur de Nora, qui ne cachait pas d'abondantes larmes.

Après avoir subi des procédures médicales en raison des nombreuses maladies qui sévissaient dans la région, Felipe et Yasir n'ont pas perdu de temps pour préparer Rodriguez à l'enterrement qui aura lieu plus tard dans la journée.

∞ O ∞

La nuit est arrivée et avec elle le froid et un ciel étoilé. Après le dîner, tout le monde se retrouve dans la grande salle, pendant qu'Etiene, qui a conquis le cœur de tout le monde, recopie des textes à distribuer, aidé par Morilo et Antoine.

Puis Felipe, avec Cecile, ouvre le paquet que Rodriguez lui a remis et, les larmes aux yeux, lit :

« (...) Barthélemy prie le peuple d'Arménie.[48]

---

[48]Ce texte fait référence à la visite de l'apôtre Barthélemy dans la région d'Arménie où, quelques jours avant sa mort, il s'est entretenu avec le roi Polymius et son épouse (N.A.E. Ferdinand).

Aux abords des terres du Nord, (...) le roi d'Arménie s'adresse à un homme nommé Barthélemy :

Roi : Qu'as-tu à dire à mon peuple ?

Celui-ci, plein d'inspiration, répondit :

Barthélemy : Seigneur Jésus-Christ, donne-nous le chant de la miséricorde et de la lumière afin que nos cœurs, revêtus de ta grandeur céleste, recherchent dans les chemins de notre vie la communion avec le Seigneur notre Dieu (...) le Dieu que nous chantons dans les psaumes d'Israël. Donne-nous la possibilité d'intérioriser ces paroles, de chercher dans cet amour l'espérance de nos jours, qui ont été des jours de souffrance, de larmes, de lamentations, d'angoisse, d'amis et d'ennemis, cachés et physiques, qui ont transformé nos sentiments en désespoir et en souffrance.

Donne-nous un moment pour réfléchir et regarder en nous-mêmes et trouver les ténèbres qui habitent encore notre conscience et nos cœurs. Nous resplendissons d'espoir et de gloire dans ta lumière. Et lorsque nous nous tournons vers nous-mêmes, en exaltant votre nom, nous bénissons votre miséricorde et votre amour.

C'est en cet instant divin (...) que nous rendons grâce pour tant d'existences que nous avons vécues et tant de passages entre les mondes par la mort (...).

Dans cette louange, nous implorons aussi ta miséricorde car tu es, Seigneur, la force éternelle, la douce lumière qui, en ce moment même, se tourne vers ce peuple.

Libère-nous de l'ignorance et fais que chaque existence soit transformée par le feu qui détruit et recrée, et non par les vents qui nous emportent (...).

L'histoire citée par l'auteur spirituel a été racontée dans le livre Psaumes de la Rédemption dont il est l'auteur.

Donne-nous, Seigneur Jésus, la certitude d'un autre jour, le courage qui réveille, la blancheur de ton nom (...) parce qu'il brille parmi les larmes que l'humanité pleure, parce que nous pouvons tout faire tant que nous avons la foi.Si pour nous tous la conscience opérante est la communion éternelle (...) alors le Seigneur nous baigne dans la douceur de Ta lumière.

Seigneur Jésus-Christ, sèche les larmes de la mère, du père, de l'enfant, qui sont aujourd'hui renouvelés, libérés et préparés à suivre votre pas (...) qui ont traversé de nombreuses existences et deviennent maintenant la force de votre loi éternelle.

Sois, Seigneur Jésus-Christ, la bénédiction fraternelle qui récupère et renaît, la consolation éternelle de ceux qui pleurent et le manteau vivant d'amour et de lumière pour ceux qui n'ont que la plainte du désespoir pour la paix ».

Chapitre 18

Une vengeance insensée « Croisade »
contre la lumière

En Navarre, dans sa résidence, Monsieur Cortés, dans la salle principale, fut surpris par la présence des évêques Armando de Segovia et Miguel Villanueva[49], et de Diego. Après les salutations et les banalités, l'évêque Armando dit :

— Mon ami, nous t'apportons de bonnes nouvelles. Je veux que tu lises ceci.

« Jésus et Brahman

Brève discussion sur la réincarnation[50]

---

[49] Pour cette histoire, à la demande de nombreux amis, nous appellerons ce personnage Miguel Villanueva, qui était à l'époque un inquisiteur actif, influent et impitoyable, bien connu dans toute l'Espagne (N.A.E. Tiago).

[50] Ce texte, datant du 1er siècle après J.-C., est l'une des transcriptions de l'apôtre André lorsqu'il évangélisait la région de l'Inde (N.A.E. Ferdinando). L'histoire citée par l'auteur spirituel a été racontée dans le livre *Psaumes de la Rédemption* dont il est l'auteur.

Dans les environs de Samarie, une femme pleurait la mort de son mari. Tandis que Marie de Magdala la consolait, un brahmane vint trouver Jésus et lui dit :

- Brahman : Je crois que nous ne sommes pas les enfants d'une seule existence (...). Alors, homme dont j'ai appris l'existence et que je cherche depuis des jours, que dis-tu de la "réincarnation" ? Comment expliques-tu les corps et leurs mondes ?

- Jésus : Croire que nous sommes les enfants d'une seule vie (...) c'est croire que mon Père qui est aux cieux est impitoyable et injuste. Homme, comment expliquer que les mots que nous connaissons limitent la parole des choses (...) Nous sommes nomades en constant changement visant le meilleur. Les expériences successives sont nécessaires, comme les pluies qui renouvellent les champs et transforment ce qui doit germer en vastes plantations, fortes et vigoureuses (...). Dans chaque existence, l'esprit vit dans un monde de matière « éthérée », (...) qui est très semblable à l'air que nous respirons et, aussi, différent de ce que nos yeux voient. Composé d'une lumière qui ne peut être captée, de l'apprentissage de nombreuses existences et de l'intelligence acquise dans de nombreuses vies ; il reçoit une mission de retour où il s'établira (...) qui transformera son champ intime (...) en de vigoureuses plantations.

Ainsi, on lui offrira un corps de chair qui lui servira de robe temporaire (...) qui enveloppera cet esprit pour le temps qui lui est imparti. Enfin, après avoir épuisé son voyage et accompli ses tâches, il retournera au monde des « morts » qui, en vérité, Je vous le dis, se réfère au monde des vivants, parce que c'est là notre véritable demeure, dans les mondes où habitent tous les enfants de mon Père. Personne ne meurt, chacun change simplement de place (...) et retournera dans le monde où ses tendances morales seront la base de ses nouvelles histoires (...) ».

— Ce sont des textes hérétiques. Où ont-ils trouvé cela ?

— Diego a fait un excellent travail lorsqu'il était à Barcelone. Dans la résidence des docteurs, il a trouvé les preuves nécessaires pour pouvoir les frapper d'un coup sec et les accuser d'hérésie, de trahison envers l'Église.Diego, orgueilleux, cherchant à se mettre en valeur, dit :

—Messieurs, ces maudits hérétiques diffusent de tels textes dans toute l'Europe. De plus, ils soutiennent la « Révolte des pavés », ainsi qu'une caste immonde qui ose apprendre à lire et à écrire. Alors, sous la direction de l'évêque Armando, j'ai formalisé la dénonciation de l'hérésie.

—Les religieux sont très préoccupés par cette soi-disant « Révolte » —dit Miguel —, et maintenant nous allons faire une "croisade" contre ces infâmes personnages, afin de les faire taire une fois pour toutes sans laisser à l'avenir un seul souvenir que ce mouvement infâme a eu lieu sur nos terres. Au nom de notre longue amitié, j'ai remis ces manuscrits à la papauté et j'ai reçu l'ordre exprès de faire taire le mouvement, la cour de Barcelone nous soutiendra. Comme vous êtes un homme très influent, vous voulez rassembler les nobles de cette région et chercher un soutien financier. Je sais que vous le ferez avec beaucoup d'astuce. Croyez-moi, nous serons sans pitié.

—Monsieur, comme humble serviteur—dit Diego d'un air narquois—, faites-lui savoir que je suis à la disposition de la « croix » pour me battre pour elle.

—J'ai été très heureux de recevoir cette information—, dit l'évêque Miguel—, et tes services ne seront pas oubliés, j'ai des projets pour toi, jeune homme, et tu auras l'occasion de prouver ton amour pour la sainte croix.

— Eh bien, eh bien— dit Monsieur Cortes—, alors nous avons été dotés de la force et de la puissance poétique de l'Église. Je vais rassembler les hommes et ils nous aideront dans ce combat. Si je vous connais bien, j'ose dire que personne ne recevra de vous un geste de compassion. Vous avez toujours été impitoyable dans les affaires de l'Église. Comment saurez-vous qui sont vraiment les hérétiques ? — Je laisse ce souci à Dieu, car la loi a toujours été la suivante: « *Tuez tout, ne laissez personne tranquille, car c'est la miséricorde du Seigneur de savoir séparer le pêcheur de l'innocent* ». — Ajustant sa casquette et ses gants, Miguel poursuivit :

— Nous avons déjà commencé notre travail. Des renforts ont déjà été rassemblés d'ici pour rejoindre l'armée à Barcelone. C'est pourquoi j'ai besoin de l'argent des nobles le plus rapidement possible. Je veux détruire cette histoire en quelques jours.

L'évêque Miguel Villanueva prend congé. Pendant ce temps, Monsieur Cortés, après s'être mouillé les lèvres avec du vin, poursuit :

— Je suis étonné de la rapidité avec laquelle vous avez agi. Je tiens à vous féliciter. Pendant que le jeune homme était à Barcelone, Armando et moi étions parfaits dans notre plan. Je suis heureux que la mort de Madame Carmen se soit déroulée exactement comme prévu. Personne ne me soupçonne. Cette préparation l'a empoisonnée, la poussant au désespoir dans son lit. Les médecins luttaient contre une maladie qui, en réalité, n'était rien d'autre qu'une action menée par nous —. Souriant malicieusement, regardant Armando, il continua :

— Votre idée avec les hosties empoisonnées était brillante. Comme elle ne pouvait plus aller à la messe, nous avons demandé à un prêtre en qui vous aviez confiance de prier ici, dans ma résidence, pour son âme. Celui-ci, croyant veiller sur une de vos brebis, est devenu à son insu notre instrument pour que les hosties empoisonnées soient consommées par la mourante sans laisser de traces. Heureusement, elle mourut bientôt et me laissa en paix.

—Je dois admettre que j'ai été très malin— dit Armando—. Au cas où, je me suis aussi débarrassé de ce prêtre. Je lui ai fait recevoir l'Eucharistie avec moi, mais il a aussi profité des mêmes hosties que ta belle-mère. Il n'a pas supporté le poison et quelques jours plus tard, il est mort—. Regardant Diego avec une admiration pernicieuse, il continua :

— Nous ne pouvons pas nous passer de mon garçon, il nous a tous surpris et mérite tous les honneurs.

—C'est vrai. Je vais parler à des formateurs d'opinion et à des ecclésiastiques qui pourraient vous aider à obtenir ce que vous voulez pour Diego. Prenant son menton d'un air pensif, Monsieur Cortez poursuivit :

— Nous devons maintenant ramener Nora, sinon je n'aurai pas le soutien du Sud. Le noble sera l'homme le plus important pour obtenir le soutien des nobles de cette région. J'espère que sa beauté a été préservée, sinon elle sera une marchandise de peu de valeur.

—Señor, ne vous inquiétez pas—dit Diego—, quand j'étais avec eux, je n'ai pas pu éviter les charmes de votre fille. Elle est encore une très belle femme, bien qu'elle vive avec ces gens misérables. Mais elle n'a pas perdu sa beauté. Elle vaut trop cher.

La nuit a annoncé sa présence et ces hommes, dominés par les énergies dangereuses de leur esprit, ont fait des plans, continuant dans la nuit à élaborer des stratégies désastreuses pour un lendemain incertain.

Chapitre 19

De la fuite à la nouvelle route des vies aimées

Dans le nord, l'agitation sociale se poursuit. La « révolte des pavés » progresse et de nombreuses personnes considérées comme des rebelles par l'Église rejoignent la cause, lui donnant plus de force. L'objectif principal est désormais différent. La lutte est devenue plus religieuse que sociale.

Des décrets furent promulgués dans le but de réduire au silence le mouvement qui, d'une manière très particulière, était devenu une cible de grande honte et d'inquiétude pour l'Église. L'une des conséquences de ces actes religieux se traduit par une augmentation significative de la liste des livres interdits. Entre autres, en dehors des masses contrôlées par l'Église, personne ne peut tenir de réunions, de même que trois hommes au plus ne peuvent marcher ensemble.

Sur ordre du pape, en accord avec l'organisation dirigée par l'évêque Miguel Villanueva et avec le soutien du pouvoir local, une action militaire a pénétré dans la ville, qui a été rapidement maîtrisée.

Une nuit, en désespoir de cause, Inarus entre dans la résidence des médecins, visiblement inquiet. Trouvant Felipe, il lui dit :

—Je suis venu au plus vite pour vous mettre au courant des derniers événements.

Après une brève pause, il a poursuivi :

—La couronne et la papauté ont décidé de réagir plus rigoureusement contre notre mouvement. La ville a donc été prise et nos hommes se préparent à l'affrontement. L'école a été incendiée par un groupe de soldats. Morilo, Antoine et Pablo, fils de Ramirez, sont arrêtés.

Cecile et Nora ne peuvent cacher leur désarroi.

—Nous devons nous calmer— intervint Felipe— nous ne pouvons pas faire de bêtises. Beaucoup d'autres choses sont importantes en ce moment et la sécurité est l'une d'entre elles. Nous trouverons un moyen rationnel de les libérer, de préserver les textes et de poursuivre notre travail. Alors, à quoi bon partir d'ici pour ne voir que des cendres ? Je vous invite à la prudence et à écouter le jeune homme, car il n'y a plus rien à faire.

—Il faut que tu sortes d'ici le plus vite— dit Inarus— et prendre avec toi les copies des textes qui pourraient éveiller les soupçons, car ils ne tarderont pas à venir te chercher. Ils m'ont posé de nombreuses questions sur les textes. Quelques hommes sont également venus avec moi pour assurer votre sécurité.

Le visage de chacun ne cache pas la peur et l'angoisse, et l'inquiétude est évidente. Felipe traversa la pièce et dit brièvement:

—Pour l'amour de Dieu, qu'allons-nous faire des jeunes ? Nous ne pouvons pas les abandonner comme ça. D'ailleurs, où allons-nous ?

« Ramirez s'organise pour affronter les soldats et les libérer— a déclaré Inarus—. Ils ont découvert que cette offensive derrière les textes que nous distribuons était le résultat d'une dénonciation, car ils remettent la viande séchée et le pain, et maltraitent également tout le monde pour voir si ceux qui se sont enfuis se cachent quelque part.

Le visage de Yasir ne trahit pas la déception. Il dit fermement:

—Quelque chose me dit que Diego en est responsable. Mon jugement se fonde sur sa visite inattendue, au cours de laquelle j'ai compris qu'il n'était pas venu en paix. De plus, son départ précipité et inexpliqué était très suspect.

—Malheureusement — a déclaré Catarina—, c'est notre fils, mais je ressens la même chose. Je prie Jésus que s'il est impliqué dans cette affaire, le Seigneur ait pitié de sa folie.

—Cousins— dit Felipe—, nous n'avons pas de temps à perdre, laissons Diego et pensons à ce qui est vraiment important, ce n'est pas le moment de se méfier. Calmons-nous, car toutes nos forces doivent être concentrées sur notre préservation.

—Fais-moi confiance— dit Inarus—, et viens à la rencontre du groupe du gitan nommé Sirilo, qui est ton ami et qui t'attend. Il est venu me chercher et je t'assure qu'il a une grande admiration pour toi, car il a mis à notre disposition autant d'hommes qu'il est nécessaire pour te guider en toute sécurité dans ce voyage de retrait de l'Espagne. En attendant, je vais rejoindre Ramirez.

L'inquiétude se lit sur les visages de ces fils de Dieu. Felipe, regardant Etiene, intercède :

—Mon ami, le moment est venu pour nous de partir, même si c'est dangereux ; il vaut mieux que tu rentres en France et que tu emportes des textes avec toi. Tu seras escorté à la frontière par un des hommes que Ramirez a envoyés ici, ainsi je peux être sûr que notre travail ne sera pas vain.

—Ma chère, j'aimerais rester et me battre s'il le faut à vos côtés.

—Tu sais très bien qu'il serait plus utile que tu fasses sortir ces copies d'ici— dit Felipe—, afin que nous soyons sûrs que notre travail, et même le sang qui sera peut-être versé, n'auront pas été vains. Va, mon ami, nous nous retrouverons en temps voulu.

Etiene n'osa pas le contredire et partit immédiatement.

Pendant ce temps, Felipe continuait fermement :

—Mes chéris, réfugions-nous dans le groupe de Sirilo. Lorsque nos femmes seront en sécurité, nous rejoindrons Ramirez et Inarus. Pour l'instant, éliminons les textes restants et sortons d'ici. Que Dieu ait pitié de nous tous.

Face à la gravité du moment, sans perdre de temps, ces enfants de Dieu s'organisent pour partir, rassemblant, en plus de leurs quelques biens, toutes les copies des textes. Ils sont donc partis, portant dans leur cœur l'angoisse de ce qui pourrait se passer dans les jours à venir.

∞ O ∞

Alors que Felipe menait les chevaux, Cecile, à ses côtés, a dit :

— Mon amour, pendant tous les jours où nous avons vécu ensemble, tu as été ma force. J'avoue que je m'inquiète pour mon frère et pour Morilo, mais pardonne-moi car c'est pour toi que mon cœur est troublé. Je crains qu'il t'arrive quelque chose. Je pense aussi aux textes sur lesquels nous avons tant travaillé. S'ils tombent entre les mains du clergé, ils seront complètement bannis de l'histoire de l'humanité.

— Il a toujours été ma force et la lumière que Jésus a allumée sur mon chemin solitaire. Je me soucie des jeunes et je ferai de mon mieux pour eux, mais mon cœur va aussi vers vous. Je veux que vous soyez en sécurité parce que je ne sais pas si je pourrai vivre si quelque chose vous arrive—. L'embrassant sur le front, Felipe poursuivit avec amour :

—Crois-moi, je ne laisserai pas l'ignorance de quelques-uns les exterminer. Ils ont été très bien distribués—. Sortant un manuscrit de sa poche, il poursuit :

—Regarde ce petit texte. J'avoue que tout ce qui concerne Barthélemy m'est très précieux :

« Sur la colline de Béthanie

Jésus parle de la réincarnation[51]

—Barthélemy : Seigneur, vous avez toujours été miséricordieux devant notre ignorance, mais accorde-nous la grâce de connaître le sort (...) de ceux qui dorment dans leurs tombes. Auront-ils droit à un retour dans un nouveau corps ? Prenons l'exemple de Lazare ; si la résurrection est vraie, comment les os rejoindront-ils la chair ? Comment les morts parleront-ils à nouveau ?

—Jésus : L'homme véritable, la création de mon Père, ne repose pas dans les tombeaux, mais son esprit toujours vivant habite dans

---

[51] Page datée du 1er siècle de notre ère, nous la reproduisons dans son intégralité, en conservant autant que possible les paroles de Jésus à l'apôtre du cœur Barthélemy qui reçut la brillante mission de diffuser les concepts qui, aujourd'hui, ont servi de base au "spiritisme chrétien". Il fut distribué dans les régions de l'Est et de l'Ouest, couvrant toute l'Europe (N.A.E. Ferdinando).

mon royaume. Je n'ai pas réuni les os de Lazare à la chair parce qu'il n'était pas mort, comme vous le pensez. Son esprit avait encore besoin de ce corps (...) pour conclure son histoire, c'est pourquoi je l'ai réveillé du sommeil temporaire qui l'étreignait.

Un jour, les hommes en sauront plus et le retour de Lazare au corps physique ne sera pas un mystère, mais une solution pour beaucoup de ceux qui souffrent de la même maladie que lui (...).

L'homme ne meurt pas (...) et les tombes sont transitoires à cause de la chair qui se consume, mais son esprit vit. Il reviendra dans d'autres corps et parlera d'autres langues, bien plus qu'il n'a appris dans sa dernière existence, parce qu'il lui sera donné la mémoire de toute la sagesse qu'il a connue. Car les vivants et les morts parlèrent et utilisèrent son esprit pour influencer le cours de la terre en bien ou en mal(...) :

Les morts ne se taisent pas et ceux qui m'aiment parleront à nouveau. Ainsi, toute la sagesse que j'ai apportée de mon monde ne sera pas réduite au silence. Beaucoup de ceux qui m'aident, mais que vos yeux ne peuvent pas voir, c'est pourquoi j'ajouterai encore beaucoup de choses à ce que je vous dis. Vérifiez vos existences par de nombreuses œuvres et ce que l'on considère aujourd'hui comme un miracle ne sera qu'une manifestation de l'invisible (...).

Je vous le dis en vérité, l'homme d'aujourd'hui ne comprend pas ce que je dis, mais à l'avenir j'enverrai ceux qui accompliront la promesse de faire en sorte que mon nom ne soit pas oublié et d'utiliser les « médiateurs », des cœurs choisis pour cette merveille.

Mon bien-aimé, je vous bénis et je ne vous cacherai pas un mot. De tous ceux qui me suivent, je réserve à votre âme la demeure des mystères de mon Père sur la vie dans l'au-delà (...) et la mission de répandre ce que je dis sur la 'réincarnation'... ».

Malgré la tension du moment, une paix enveloppait ces âmes passionnées qui, sous la lumière des étoiles, poursuivaient leur chemin, confiantes en Dieu et en ce en quoi ils croyaient tant.

Chapitre 20[52]

Dans le camp, de la sécurité à la liberté

Felipe, Cecile et Yasir sont épuisés. En s'approchant de la bande de gitans d'origine espagnole, ils ont remarqué qu'une soirée de claquettes animait l'endroit. Une magie particulière enveloppait l'endroit. Au son d'une musique joyeuse accompagnée d'applaudissements, les femmes dansent, faisant virevolter leurs jupes fluides et leurs éventails, mettant en valeur leurs charmes féminins.

Des regards mystérieux, curieux et suspicieux étaient dirigés vers ces enfants de Dieu. Felipe demanda Sirilo et fut

---

[52] Avant d'entamer ce chapitre, je tiens à exprimer notre respect pour les gitans et leur culture ancestrale. Cependant, nous soulignons que notre but n'est pas de détailler leurs coutumes, car nous savons que les documents de ce peuple ont déjà été dûment énoncés au cours de l'histoire. Nous soulignons ici la grande importance que ces enfants de Dieu ont eue dans cette opportunité, en veillant à ce que les textes parviennent sains et saufs en Orient, et en permettant également au christianisme de faire partie de leurs croyances. (N.A.E. Ferdinando)

conduit avec les autres vers une tente qui semblait appartenir au chef du groupe. Lorsqu'ils entrèrent, Sirilo les reconnut immédiatement et les salua :

— Être toujours les bienvenus parmi mon peuple. Je suis heureux que tu sois ici. Je me suis toujours tenu informé sur la famille de Esteban, car je n'ai jamais oublié tout ce que j'ai reçu dans ce manoir. Quand j'ai appris qu'ils recherchaient des médecins soupçonnés d'hérésie, j'ai ordonné à un homme de confiance d'aller chercher Ramirez, que je connaissais depuis la « Révolte des Pavés » à laquelle il avait participé, en t'offrant mon aide.

Yasir a ensuite détaillé tous les événements qui ont aigri leurs cœurs. Felipe conclut alors :

— Nous devons quitter l'Espagne et faire en sorte que ces textes soient protégés des persécutions de l'Eglise. Nous sommes recherchés par la milice commune et nous entendons dire que le clergé nous persécute également. Nous devons passer la frontière française. C'est là que nous trouverons Etiene.

— Nous savons déjà tout, nous avons appris que l'information est notre plus grand allié, donc rien ne se passe dans le voisinage de notre groupe sans que nous le sachions. L'Église n'est pas clémente avec ceux qui sont différents.

Dit Sirilo en gardant la tête froide.

—Nous sommes déjà habitués aux préjugés et aux moqueries. Nous nous dirigeons vers la France et ensuite nous voulons aller vers l'est, car les fous qui sont entrés dans Barcelone ont banni les gitans de ces régions.

Je crois qu'en allant avec mes gens, nous pourrons les sortir d'ici sains et saufs, mais pour que nous soyons sûrs de ne pas éveiller les soupçons, je leur impose seulement, tant qu'ils seront avec nous, de se comporter comme nous, de nous respecter, mais de connaître nos habitudes. Sinon, nous serons des proies faciles.

— Je prie pour que Jésus te bénisse, toi et tous ceux qui te suivront. J'ai appris de mon père — a déclaré Felipe— à respecter tous ceux qui sont passés près de nous au fil du temps. Croyez-nous, nous connaissons beaucoup de gens de différents endroits et nous ne manquons jamais de respect envers ceux qui pensent différemment de nous. Malgré les difficultés que nous rencontrons, nous accepterons toutes les règles de cet endroit.

— Je me souviens que votre père me manque, c'est avec lui que j'ai appris à connaître le christianisme et son amour pour ce credo m'a permis d'apporter certains concepts à mon peuple. Je veux que tu saches que je respecte l'amour et le dévouement que vous avez pour ces textes. Si possible, j'aimerais rencontrer certains d'entre eux.

Tout excité, Felipe sortit une page de cette poche et la lut à haute voix avec enthousiasme :

"Marie de Magdala

Elle parle de la vie après la mort[53]

Barthélemy, un homme né à Canaan, parlait du Maître à un groupe d'Égyptiens et, à la fin, il dit :

- Barthélemy : Après le départ de notre Maître, Jeanne, femme de Cusa, et Salomé pleuraient lorsque Marie de Magdala les embrassa sur le front et les réconforta par des paroles touchantes :

-Marie de Magdala : Lui, le Seigneur, plein de grâce (...), quelques jours après sa mort, est devenu radieux sous mes yeux. Je pleurais encore lorsque, vêtu de la pourpre royale, il a dit :

---

[53] Cet original est daté de l'an 1 de notre ère, sous la plume de Barthélemy l'Apôtre. En se référant ici au terme Emmanuel, il ne s'agit pas du sens catholique « Dieu avec nous », mais de ce qui a été prophétisé dans Isaïe et écrit dans Matthieu pour en donner la confirmation (N.A.E. Bernard).

-Jésus : *Console-toi, femme, tu as déjà versé beaucoup de larmes pour moi. La prophétie s'est accompli selon la Loi de Dieu et a été prophétisée à Isaphas[54] et sera confirmée par la main de Matthieu[55], mon bien-aimé. Ne me croyez pas morte et n'ayez pas peur. Continuez sans hésiter à guider ceux que je laisse parmi vous et ceux qui ont vécu à la porte de Dieu[56] et qui sont aujourd'hui incarnés parmi les peuples dispersés sur la « planète ». Je suis vivant, même si la chair qui a soutenu mon passage parmi vous s'est refermée dans le silence du tombeau. Allez dire aux apôtres que vous m'avez vu après le sépulcre, ainsi qu'à tous ceux qui sont à mes côtés, loués pour la paix qui nous soutient (...).*

- Marie de Magdala : *Lui, le Seigneur, n'est pas mort. Chacun de nous a reçu la mission de continuer, le monde que nous ne voyons pas a reçu le Roi avec joie, enveloppé dans la toile de la gloire. Les peuples ont entendu son nom, ils ont chanté Emmanuel et ses enseignements libéreront leur esprit des dogmes qui asservissent les enfants de Dieu à des comportements "irrationnels", donnant naissance à la lumière d'un monde nouveau.*

Puis son esprit vivant est ressuscité peu après son dernier souffle, il est toujours vivant parmi nous et reviendra bientôt par l'intermédiaire de ceux qui auront compris son message. Il parlera à travers ses disciples qui vivent dans l'invisible et continuera à nous parler à travers les vivants (...) qui serviront « d'instruments » aux deux mondes[57] (...) ».

---

[54]Isaïe, 7:14 et 8-8 (N.A.E. Ferdinando)

[55] Matthieu, 1-23 (N.A.E. Ferdinando)

[56]Cette traduction fait référence à l'ancien mot Bab-Ilu (Porte de Dieu), c'est-à-dire à la ville de Babylone (N.A.E. Bernard).

[57]Ici, le contexte final de cette traduction fait référence à la mission des médiums actuellement étudiés dans le cadre

Lorsqu'il a fini de lire la page, l'émotion a été silencieusement exprimée par tous ceux qui ont entendu ces mots. Felipe dit avec appréhension :

— Pardonne-moi, mais nous devons trouver Ramirez et Inarus pour savoir quel sera le plan pour libérer Morilo, Antoine et Pablo.

— Mon cher — dit Sirilo—, lorsque j'ai envoyé un messager à Ramirez pour offrir de l'aide à votre famille, j'ai également proposé de l'aider à la libérer. Nous t'accompagnerons donc dans cette entreprise.

— Crois-moi— dit Yasir—, je serai aussi avec toi.

Les femmes sont en sécurité ici.

Núbia s'approche de Cecile et la regarde avec beaucoup d'affection. Avec sympathie, elle lui prit la main droite, l'examinant en profondeur, selon les coutumes de son peuple. Puis elle essuya une larme inattendue qui coulait sur son visage et dit :

— J'ai le sentiment que nous nous sommes rencontrés quelque part dans notre passé. Mon peuple est très sensible et connaît beaucoup de choses. J'ai l'impression de vous retrouver et je sais que vous avez les mêmes dons que moi et j'espère qu'ensemble nous pourrons apprendre beaucoup plus que ce que nous avons déjà reçu dans nos vies.

— Vous n'êtes pas non plus un inconnu pour moi— poursuit-elle en la serrant dans ses bras :

— Quelle que soit la raison de cette rencontre, j'espère que nous serons amies.

Sirilo appela un ami et brisant l'instant, lui dit :

---

de la Doctrine Spirite, codifiée par le Français dont le nom de code est Allan Kardec (N.A.E. Bernard).

—Ils resteront avec nous. Arrangez un logement pour nos amis. Allez, préparez les chevaux pour partir tout de suite.

Les femmes dirent au revoir à leurs maris et, sans perdre de temps, partirent. Le ciel était brodé d'étoiles qui illuminaient ces cœurs qui, même dans l'angoisse, croyaient que le lendemain leur apporterait toujours le meilleur.

∞ O ∞

Sans tarder, ils partent à la recherche de Ramirez, stratégiquement caché dans les environs du camp.

Arrivés à destination, Ramirez et Inarus les accueillent et, après les salutations, Felipe s'avance :

—Il n'y a pas de temps à perdre — dit Felipe avec inquiétude —, nous devons libérer les garçons le plus vite possible.

— Je partage ses inquiétudes— a déclaré Ramirez—, parce que mon fils est là aussi. Aujourd'hui, je ne parle pas en tant que leader d'un mouvement, mais avec le cœur d'un père en souffrance. En plus des idéaux que j'ai enseignés à mon fils, je suis devenu très attaché à Antoine et Morilo. Sans Inarus et son projet de les libérer, j'aurais pris d'assaut cet endroit de toutes mes forces. D'ailleurs, j'ai peur pour eux, car ces jeunes hommes ont une âme de guerrier ; aussi, l'Église et les gardes qui nous recherchent n'auront aucune pitié pour eux. Je remets le sort de ces cœurs entre les mains de Dieu.

—Nous devons rester calmes pour ne pas commettre d'erreurs— intercède Inarus—. Il y a quelque chose de très fort qui joue en notre faveur. Ramirez a construit le « bâtiment » dans lequel ils se trouvent, il connaît donc toutes leurs faiblesses.

De plus, nous avons appris qu'en raison d'une convocation spéciale de l'évêque Miguel Villanueva, il n'y a que cinq gardiens qui assurent la sécurité dans la prison où ils sont détenus. Il sera très facile de les libérer, à condition qu'ils nous fassent confiance et qu'ils ne fassent rien sans nos ordres. Les médecins nous attendront à proximité et n'entreront pas avec nous. Nous avons aussi le soutien d'une dizaine d'hommes que Sirilo a mis à notre disposition, afin de sauver notre groupe et notre idéal—. Posant sa main droite sur l'épaule de Felipe, il poursuivit :

— Morilo est comme un fils pour moi. Tu sais très bien que je donnerais ma vie pour lui. Je prie Jésus pour que nous parvenions à les sortir vivants de là et pour cela nous faisons tout ce qui est en notre pouvoir.

— Mon ami, j'ai confiance en toi et en l'amour que tu lui portes. Je suis reconnaissant des sentiments que tu lui as exprimés et cela me réconforte. De mon côté, je reconnais que tu as été le père dont il a toujours eu besoin. Par ailleurs, Antoine nous est aussi très cher et a besoin de nous. Nous suivrons tous tes ordres.

Alors, l'affaire étant close, les hommes se rendirent à l'endroit où se trouvaient les jeunes gens.

∞ O ∞

Tout se passe comme prévu[58]. Les hommes dirigés par Inarus envahissent le « bâtiment » et, grâce à leur agilité et à leur rapidité, maîtrisent les gardes.

---

[58] Afin de respecter les lecteurs et de ne pas porter préjudice à la lecture de ce passage, ainsi qu'à ceux relatifs aux affrontements entre militaires et « rebelles », nous serons brefs et atténuerons les descriptions de ces types d'opérations

Pendant ce temps, Inarus, dûment escorté, arrive dans la cellule où sont détenus les jeunes gens et constate qu'il n'y a pas d'autres prisonniers, ce qui facilite son action.

Cependant, la violence se lit sur les corps des jeunes gens : Antoine, visiblement abattu et blessé, gît mollement sur le sol ; l'état de Morilo laisse également présager le pire, tandis que le corps affaissé de Pablo dit à lui seul que la mort est déjà une réalité pour lui.

Antoine est immédiatement secouru par deux hommes. De son côté, Inarus, avec des larmes qui coulaient sur ses joues, constatant que les blessures de Morilo étaient graves, l'a aidé, assisté de ses amis. Pendant ce temps, Ramirez, serrant la tête de son fils dans ses bras, pleure convulsivement.

Respectant son ami, Inarus ordonna à l'un des hommes de porter Pablo afin qu'ils puissent quitter l'atmosphère lugubre et se diriger vers le groupe de Sirilo.

Felipe, Yasir et Sirilo attendent à proximité. Dès qu'ils les ont trouvés, les jeunes hommes ont été installés dans le wagon. Les médecins, visiblement inquiets, se sont immédiatement mis à leur disposition pour tenter d'alléger leurs souffrances.

Pendant ce temps, Ramirez reste aux côtés de son fils, essayant de trouver la force de faire face à cette perte. Malgré sa position de chef de guerre, les larmes paternelles se sont cristallisées sur son visage.

Yasir a aidé Antoine et a constaté qu'il résisterait à la torture. Pendant ce temps, Felipe et Inarus savaient que le corps fragile et limité de Morilo ne résisterait pas aux multiples blessures causées par la sévérité et la force impitoyable avec laquelle le garde agissait, essayant froidement de leur obtenir des informations et

---

et de certaines actions qui conduisent à la violence (N.A.E. Tiago).

des aveux.Le groupe épuisé poursuit ainsi sa route dans un silence parfois interrompu par les ordres donnés par les hommes qui prétendent conduire les animaux sur ces chemins sombres que les étoiles du ciel n'éclairent pas.

Chapitre 21

Gitans et chrétiens, la rencontre de deux cultures

Peu de temps après, ils sont arrivés au camp.

Laila, la femme de Ramirez, les a vus et est allée à leur rencontre. Son désespoir, en découvrant la mort de son fils, suscite la pitié des personnes présentes.

Antoine est conduit dans une tente où Nora se tient passionnément à ses côtés et, après que Cecile s'est assurée du bien-être de son frère, s'occupe de Felipe.

Couché sur un lit rustique, Morilo reçoit l'attention de Felipe et d'Inarus, lorsque Cecile s'approche en écoutant Yasir raconter à Catarina tout ce qui s'est passé.

Immédiatement, Morilo, avec difficulté et d'une voix faible, a ressenti la douleur de ses amis et a dit :

— Nous avons résisté et n'avons rien dit. Ils voulaient que nous dénoncions tout le réseau de distribution des textes que nous avions organisés, mais nous sommes restés fidèles à la cause à laquelle nous croyions—. Avec un profond soupir, il cherche des forces et continue:

— Je sais que je suis en train de mourir, mais je remercie le Seigneur d'avoir été privilégié. Jésus m'a donné l'opportunité de partager ce moment avec mes amis, mais je sais que je vais devoir affronter mon voyage seul. Je prie pour que vous ne vous sentiez pas vaincus. Les textes sont la chose la plus importante et si nous les laissons mourir, l'humanité ne connaîtra pas le réconfort de savoir que nous ne sommes pas les enfants d'une seule vie.

À ce moment-là, avant même que personne n'ait pu dire un seul mot, le jeune homme a jeté un dernier regard à tout le monde et, serein, s'en est allé dans la vie spirituelle.

Les larmes n'ont pas pu être retenues et les cœurs n'ont pas caché l'émotion. Quelque temps plus tard, plus rétabli, Felipe sortit un texte de sa poche et, surmontant sa douleur, lut d'une voix tremblante :

« Jésus : Réflexions sur l'immortalité[59]

- Jésus : Si nous étions les enfants d'une seule existence, nous serions comme des arbres mal nourris (...) qui perdent leur sève à cause de la taille et qui, par conséquent, ne pouvant résister à la taille, meurent sans espoir et oublient qu'ils peuvent produire leurs bourgeons et recommencer un autre cycle de votre vie.

Un jour, vous comprendrez que le royaume des cieux réside en chacun de vous, (...) dans la transformation de votre esprit et dans l'amour qui change tout souverainement ; comme nous sommes les enfants de plusieurs existences, à chaque mort nous avons l'occasion de renaître et de changer l'ombre de la tentation qui habite en nous.

---

[59] Cet original est daté de l'an 1 de notre ère et sa paternité est attribuée à l'apôtre André (N.A.E. Bernard).

Daniel[60], qui m'a précédé et qui est né plusieurs fois plus tard, même avant moi, a reçu une compréhension des grandes visions qui ont entouré l'humanité sous le règne de Cyrus de Perse. Même si le linceul recouvre les hommes, ils vivront et porteront en eux la sagesse de nombreux âges (...) Après le silence de la chair, nous habitons le monde des anges qui ont été exaltés dans le passé et décrits par Daniel, qui a reçu d'eux l'intuition et la force d'affronter les lions dans leurs fosses (...). Ces lions représentent les ténèbres qui résident encore dans le cœur de l'homme et qui ont besoin de trouver la lumière. »

Tandis que l'émotion enveloppait les cœurs bercés par le son de la voix de Felipe, dans l'invisible, les figures illuminées de Marie Alcantara et de Monsieur Sancho répandaient sur eux une intense lumière bleutée. Morilo, étonné, essayant de comprendre cette nouvelle réalité en voyant Esteban, qui le soutenait avec affection et une extrême démonstration d'amour, dit :

— Je suis conscient que vous êtes ici et je peux te sentir comme avant et pourquoi je suis mort—. Inquiet, il demanda :

— Où est Pablo ? Je sais qu'il est venu ici avant moi, car il a été sorti de prison et quand il est revenu, nous avons constaté qu'il était mort. Antoine, comment va-t-il ?

— Pour l'instant, adoucis ton cœur. Pablo a déjà été pris en charge et transféré au même endroit où tu iras ensuite et Antoine te suivra. Maintenant, calme ton âme pour que je puisse t'aider...

Morilo, épuisé et vaincu par l'intense affection qu'on lui portait, fut enveloppé d'une forte somnolence et, baigné d'une lumière bleutée, s'en alla avec ses amis spirituels.

Avec les premiers rayons du soleil annonçant un nouveau jour, les plates-formes gitanes, autrefois joyeuses, se sont

---

[60] Daniel, 7:1-28 et 8:1-27. (N.A.E. Ferdinando)

tristement tuées. Bientôt, les corps des deux jeunes hommes furent préparés pour l'enterrement.

∞ O ∞

En raison de la peur imposée par l'Église, les Gitans se tiennent à distances des autres croyances et du christianisme.

Le groupe de Sirilo est resté à l'abri, s'isolant pour ne pas exposer les médecins recherchés.

Laila et son mari souffrent de l'absence de leur fils Pablo, tandis que les autres tentent, dans les limites de l'époque, d'accepter la perte de leurs proches.

Antoine se remet de ses blessures, tandis qu'une grande amitié naît entre Nubia, Cecile, Catarina et Nora. La gitane enseigne aux femmes ses coutumes et ses croyances et, en retour, elles leur parlent des textes et Cecile leur montre comment communiquer avec l'invisible, en leur transmettant les concepts solides et sans préjugés pour renouveler le christianisme.

Ce soir-là, réunis autour d'un feu de camp, ils écoutent Cecile réciter avec ferveur le « Notre Père ». A la surprise générale, Nubia, émue et les larmes aux yeux, récite la même prière en langue romani.

Les gitans plus âgés sont restés silencieux, enveloppés d'une forte émotion. Leurs doutes font place à un sentiment sans préjugés. Sirilo embrassa le front de Nubia et dit :

—Désormais, je souhaite que cette prière soit toujours présente lors de nos festivités.

Chapitre 22

De la rébellion à la naissance d'un soldat

Les paysages de Barcelone sont inhospitaliers. Les traces des affrontements entre les « Paveurs », le pouvoir local et l'Église sont évidentes. Dans les rues, les gens marchent effrayés, craintifs et silencieux.

Cet après-midi-là, Armando de Segovia et Diego se trouvent dans la cathédrale centrale lorsqu'un soldat entre dans la salle et, après avoir embrassé la main droite de l'évêque, résume les événements et conclut :

—Monsieur, malheureusement les nouvelles que j'apporte ne sont pas bonnes.

La prison a été envahie, nos hommes ont été tués et les prisonniers se sont échappés, emportant même celui qui était déjà mort.

—Comment ont-ils pu commettre une telle erreur ? A quel point notre garde était-elle vulnérable pour permettre cette offensive ?

— De plus, nous ne parvenons pas à contenir la rébellion, qui reste violente. Nous avons été informés que les gitans les ont rejoints. Les chefs ont reçu leur protection et ce groupe de médecins auquel Votre Excellence nous a demandé d'accorder une attention particulière est sous la garde de ces gens infâmes et nous n'avons pas découvert où ils se trouvent.

—Bande d'incapables ! Je veux que tous ces maudits gitans soient tués sans pitié, s'il le faut—. Engageant son fanatisme, il poursuivit :

—N'oublie pas, mon fils, que tu travailles au nom de Dieu et que tu ne dois jamais permettre au diable de s'emparer de ce qui nous appartient. N'oublie pas que notre mission est de faire accepter aux âmes les dogmes de notre Mère l'Église.

L'atmosphère était entourée de vibrations négatives qui étaient perceptibles dans l'expression de chacun. Diego, qui jusqu'à ce moment n'avait fait qu'écouter, dit :

—Entre mes prières, j'ai reçu un message du Ciel.

Dissimulant, il continue :

—Si effectivement les médecins sont avec les Gitans, s'ils soutiennent le mouvement rebelle et s'ils veulent contenir le plus sage d'entre eux, qui s'appelle Felipe. Il n'y a qu'un seul moyen : tuer une femme qui s'appelle Cecilia.

—Mon cher, toujours très intelligent. Je ne sais pas qui est cette femme, mais d'après ce que tu dis, elle est très importante. Tu as raison, pour isoler les ennemis, il faut agir contre ceux qu'ils aiment.

— Monsieur, nous allons trouver ces hommes — dit le soldat. Sans attendre, ils se dirent au revoir et le soldat partit.

∞ O ∞

Pendant ce temps, dans le groupe de Gitans, Ramirez et Inarus organisent leurs hommes pour faire face aux combats.

— Mon ami— dit Inarus à Felipe—, il faut que tu apprennes à te défendre, car nous ne savons pas ce qui nous arrivera demain. Les hommes d'église ne tarderont pas à venir nous chercher.

— Je comprends ce que vous dites— répondit Felipe, pensif—. Quand j'étais plus jeune, j'ai fait de nombreux rêves qui m'envoyaient sur les champs de bataille. Je ne comprenais pas la raison de ces visions. Dans ces rêves, je dirigeais toujours un groupe de soldats avec beaucoup d'habileté. Mais aujourd'hui, je suis un médecin qui n'a jamais connu l'art de la guerre.

— Chéri— dit Cecile en s'approchant affectueusement—, nous sommes les enfants de plusieurs existences et nous ramenons les souvenirs d'un passé qui, de temps en temps, se présente d'une manière ou d'une autre pour modifier notre intériorité—. Ouvrant un texte, elle poursuit :

— Regarde cette page :

« *Jésus : Fragments sur l'oubli du passé*[61]

Jésus : Tout ce que l'homme cherche à comprendre au nom de mon Père ne sera pas méprisé par les nombreuses existences qu'il vivra.

La sagesse que j'apporte et qui est soutenue par ceux dont les yeux ne voient pas résistera à l'épreuve du temps et traversera les chemins d'un monde futur où beaucoup naîtront et où mon nom restera parmi vous.

Tout ce que nous apprenons à travers les différentes expériences que nous vivons s'accumulera (...) et se transformera en réalisations.

Heureux donc celui qui s'efforce de comprendre les leçons que j'apporte sur l'amour, de transformer personnellement, de renouveler sa

---

[61] Cet original est daté de l'an 1 de notre ère et sa paternité a été attribuée à André, l'apôtre (N.A.E. Bernard).

pensée et, surtout, que tant que nous sommes persévérants dans l'apprentissage, nous pouvons tout changer.

Car le Seigneur habite en chacun de nous.

En accumulant la sagesse de nombreux passages sur terre et en pratiquant ce que j'enseigne, en éduquant et en édifiant, tous sauront demain qu'ils pourront manifester la puissance céleste en contribuant à l'édification de ce monde pour le bien (...) »

— Il a certainement vécu cela dans une de ses expériences passées— dit Yasir qui, changeant le cours de la conversation, conclut :

— Je pense qu'Inarus a raison. Nous devons apprendre à nous défendre.

Les médecins se rangent sans discussion à l'avis de l'ami et se mettent brièvement à apprendre les stratégies de combat définies par Inarus et Ramirez.

∞ O ∞

Le lendemain matin, le groupe de Sirilo lève le camp dans le but de rejoindre la France et de se préserver.

Disposés selon les ordres du Gitan, Inarus et Ramirez accompagnent la caravane qui avance lentement, le triste silence étant interrompu par le trot des chevaux. Dans les voitures rustiques, les visages des hommes, des femmes et des enfants ne cachent pas leur lassitude. La joie caractéristique de ce groupe était maintenue par respect pour la souffrance des nouveaux amis.

Sirilo s'approcha d'Inarus et Felipe lui dit :

—Mes amis, l'un des nôtres a vu un groupe de soldats s'approcher de nous. Je suggère de diviser le groupe pour protéger nos femmes et nos enfants. Ils n'ont pas l'habitude de se défendre. Nous ferions mieux de rassembler les hommes pendant qu'ils se cachent. Nous devons nous préparer au combat.

Sur l'ordre du gitan, son peuple s'organise pour suivre son commandement, tout comme le groupe de « paveurs » rebelles, mené par Inarus et Ramirez, se prépare lui aussi à faire face à la situation tendue, lorsqu'il est rapidement confronté aux soldats.

Dans un scénario indescriptible, la lutte était inévitable. Les médecins se sont battus aux côtés de leurs amis, cherchant à survivre. Peu d'entre eux sont sauvés : les femmes, les enfants et même les personnes âgées ne sont pas sauvés.

Pendant ce temps, les soldats battaient en retraite à la recherche de renforts. En conséquence, le nombre de morts a dépassé les prévisions.

Parmi les morts se trouvaient Laila, Inarus et Ramirez. C'est ainsi que se termina la « Révolte des Pavés" » ne laissant que le souvenir dans les esprits et non dans les cœurs des survivants de cet affrontement dur et cruel.

Chapitre 23

Cecile, mémoire éternelle de plusieurs vies

Les combats sont terminés. Alors que les hommes aident les blessés, le désespoir de Felipe ne passe pas inaperçu et est partagé par tous, car Cecile a été blessée. Sans tarder, accompagné de Yasir, Catarina, Sirilo et Antoine, il la rejoint dans un char et la met à l'abri à proximité. A leur arrivée, ils improvisent une tente et Felipe, en désespoir de cause, dit :

—Apporte-moi de l'eau ! Aller, on ne peut pas perdre de temps ! Dans un combat perdu d'avance, il tente de soulager la douleur de Cecile.

Aussitôt, il la prend dans ses bras, la rapproche de son cœur, essayant en vain de lui transmettre sa propre vie, tandis qu'elle pleure de façon convulsive :

—Pitié, ne pars pas, je meurs avec toi, mais tu es toujours en vie. Dieu, fais que ce jour n'existe pas comme nous le vivons maintenant.

Cherchant des sources et de l'inspiration dans l'invisible, elle caresse son visage épuisé et parle difficilement :

— Mon cher , nous ne pouvons pas vivre notre vie en nous réveillant chaque matin et en voulant que ce soit un jour comme les autres, tout comme nous ne pouvons pas vouloir que notre vie soit un jour comme les autres. Nous devons accepter les défis de chaque instant, car ils éclairent notre cœur. Lorsque nous nous laissons guider par des sentiments de haine, nous devenons aveugles et marqués par cette obscurité. Il faut pardonner, aller de l'avant, se séparer et attendre.

Nos oppresseurs nous offrent une grande opportunité d'apprendre la patience et de grandir face aux différences. Le Seigneur connaît nos besoins et nous offre de quoi remplir la belle mission qui s'appelle vivre. Je l'ai appris avec le temps et, surtout, avec les jours que j'ai vécus à tes côtés.

— Non, non— dit Felipe, désespéré—. Tu vas t'en sortir. Je ferai tout ce que je peux pour te remettre sur pied rapidement.

— Tu sais que c'est impossible. Je remercie Jésus de m'avoir laissé plonger dans ton regard, réconforté dans tes bras et enveloppé dans la chaleur de ton cœur. Tu es mon amour éternel et tu demeureras à jamais dans mon âme comme je sais que je demeure dans la tienne. Mes bien-aimés, nous nous laissons souvent emporter par des événements auxquels nous ne nous attendions pas. Cependant, nous ne devons pas nous laisser aller au désespoir.

Restons conscients même lorsque nous nous sentons seuls ou oubliés. Aucune souffrance ne peut nous éloigner de Dieu. Mon cœur vous appartient et avec vous, j'ai le courage d'affronter seul mon destin. Je prie pour que tu ne méprises pas ce que les lignes de la vie nous réservent et que tu n'abandonnes pas notre lutte à cause de la tristesse ou de la souffrance. Nous ne sommes pas ensemble par hasard, le Seigneur attend de nous notre engagement en son nom. Ne cessez pas de lutter pour Jésus.

—Je ne peux pas supporter de vivre sans vous ! Je ne pourrai pas le définir par les lignes de la raison, mais inexplicablement je me sens comme si j'avais déjà vécu ce moment de nombreuses fois, comme si la vie t'avait pris à moi et il semble que nous n'ayons pas fini les pages de notre vie, parce que les larmes nous accompagnent... Non, je ne peux pas supporter de continuer sans toi.

— Je te supplie de ne pas te rebeller, mais d'accepter les règles que la vie nous impose, même si nous ne les comprenons pas. Nous grandirons et nous trouverons la libération de notre vie, alors nous pourrons rester ensemble—. Après un long soupir, il poursuit :

—Dans vos bras, je me sens comme un oiseau retenu par l'amour des vents. Tu es le vent qui me fait voler et m'emmène dans le ciel, me réservant un vol sûr et complet béni par le parfum des plus belles sources et je n'ai pas peur. Où que je sois, je t'attendrai pour l'éternité. Pour l'instant, reste avec Jésus, car je serai avec toi.

Dans le silence éclairé, Cecile ferme ses yeux brillants.

Felipe l'embrasse avec effusion et, pleurant abondamment, dit:

— Toi aussi, tu es éternellement mon amour. J'entends ta voix au fond de mon cœur ; dans des larmes sans fin, je sais que de l'autre côté je te retrouverai, mais je demande au Seigneur de me soutenir. Chaque fois que je tombais par terre, je regardais le ciel bleu et j'attendais que Jésus m'envoie de l'aide ; tu étais mon vrai soulagement et sans aucun doute mon chemin.

Je reconnais que ce chemin dans lequel tu t'es engagé est celui que tu dois suivre, tout comme je suivrai le mien.

Nous ne pouvons pas voir la fin, mais nous pouvons sentir qu'une lumière s'ouvre à nous et qu'avec elle nous continuons à nous renforcer. Que ma poitrine brûlante me permette d'entendre la sagesse de la continuité de notre existence. Sans mélancolie, sans regret, sans tristesse, que Dieu nous apprenne à ouvrir les fenêtres et à recommencer. Que chaque souvenir de notre amour me conduise à toi, car la promesse de ces retrouvailles nous est retrouvailles. Bien que la tristesse du moment ne puisse être évitée, dans l'invisible, les figures candides de Maria Alcantara et de Don Sancho donnent à la pièce une profonde lumière dorée. Esteban, caressant affectueusement les cheveux de Cecile, lui fait entendre les dernières paroles de Felipe. Le cœur tourné vers lui, elle est émue et, entre la conscience de sa mort et la volonté de rester auprès de son amour, elle est soutenue et enveloppée d'une forte somnolence. Ils s'éloignèrent en silence, laissant dans l'atmosphère le doux parfum des souvenirs aimés de plusieurs vies.

∞ O ∞

Le soir suivant, après l'enterrement de Cecile, dans le camp rustique et improvisé, la tristesse règne en maître. Tout le monde compatit à la souffrance de Felipe, mais il n'y a rien à faire pour atténuer la douleur d'une perte si particulière.

Yasir et Catarina s'approchent respectueusement, le médecin pose doucement sa main droite sur Pabloe de son cousin, essayant de le réconforter. Philip, essuyant ses larmes, tenait dans ses mains un des textes traduits de Bernard, qui n'avait pas encore été distribué.

— Qu'est-ce que tu lis ? — demande Catarina.

— Cecile préparait ce texte pour qu'il soit distribué par Morilo et Antoine. Elle me l'a donné quelques jours avant sa mort. Je l'ai lu plusieurs fois parce qu'à chaque fois que mes yeux tombent sur ces lettres, je me sens soulagée. En essuyant ses larmes, elle dit :

— Écoute :

« Jésus prépare Marie de Magdala à son départ[62].

Cette nuit-là, qui annonçait la veille du départ du Maître, celui-ci, conscient que ses jours parmi les hommes touchaient à leur fin, après avoir parlé à ses disciples de la difficile réalité de son départ, se réfugia dans la solitude près de la maison de Pierre. Marie, la femme de la ville de Magdala, s'approcha de lui et, le voyant, s'agenouilla et posa sa tête sur ses genoux. Plein de compassion, il lui caressa les cheveux et elle lui dit en pleurant :

- Marie : Vous ne m'avez jamais trompée sur votre future absence. J'ai vécu à vos côtés, réservée à mon silence. Au fond de mon cœur, j'ai cultivé l'espoir que vous resteriez avec nous et que la mort ne serait pas vraie pour vous. Au milieu d'une si violente persécution de vos idéaux, je sens les bourreaux s'approcher et je ne peux supporter de vivre sans vous (...) Je crains le jour où je devrai franchir seule les portes de la mort sans vous rencontrer, parce que je sais que de nombreuses fautes m'habitent et que ce sera l'abîme qui nous séparera.

- Jésus : Mon histoire ne s'arrêtera pas à la mort. Un jour, l'humanité comprendra une partie des vérités qui m'entourent. Mon histoire se poursuit bien au-delà, car rien ne sépare ceux qui s'aiment vraiment. Il n'y a pas de mort quand la vie est faite et continue au-delà des fausses croyances des hommes, car la continuité de l'existence est une vérité de mon Père. Bien que votre cœur pleure ma séparation, en vérité je vous le dis, lorsque mes yeux se fermeront sur ce corps, vous serez plus proches de moi, habitant mon esprit.

A vous est réservée la mission de continuer et de défendre mon Nom jusqu'à votre mort. Derrière le silence de votre corps, je vous

---

[62] Ce texte est né, selon l'original, en 59 après J.-C. et est attribué à l'apôtre Barthélemy qui, lors d'un voyage en Inde, évangélisa les Indiens. Cette histoire a été racontée dans le livre Psaumes de la Rédemption (N.A.E. Ferdinando).

attendrai, parce que votre amour et votre fidélité à ma personne ont surmonté la distance (...). Bientôt je ne serai plus parmi vous, mais ne me cherchez pas dans les tristes larmes et la souffrance dont vos yeux seront témoins lorsque je serai devant mon témoignage. Je mourrai à la chair mais pas à l'esprit, c'est pourquoi nous n'avons pas à craindre la mort.

Celui qui la craint ressemble à ceux qui ont une foi fragile et restent ignorants du royaume de Dieu qui n'appartient pas à la terre. N'abandonnez pas vos espoirs sur les chemins de la peur, de l'obscurité et du doute. Quel que soit le passé, je serai avec vous jusqu'à la fin des temps. Vous n'êtes pas des parias ou des rebuts, et vous ne serez pas exclus des vignobles de mon Père. Ne vous punissez pas à genoux et ne tombez pas dans le déni. Transformez-vous dans le travail et dans la foi qui comprend tout, espère, éduque et surtout transforme (...).

Ne perds pas le temps qui vous reste (...). La tristesse est une blessure inutile pour l'esprit. Quand la tempête destructrice causée par mon absence sera passée, la nostalgie envahira votre âme, comme l'ombre de la tempête. Mais, pour ceux qui continuent à servir en mon nom, après le sombre crépuscule, viendra toujours la lumière d'une nouvelle aube (...) »

Catarina, après l'avoir écouté, comme si elle était enveloppée d'une inspiration supérieure, a dit :

— *Quel est l'homme qui, si son fils lui demande du pain, lui donnerait une pierre ?*[63] Nos douleurs ne sont pas les seules de l'univers ; levez-vous donc et ne laissez pas le noir manteau de la nuit envelopper la lumière de vos âmes. Nous devons regarder nos oppresseurs avec consternation, eux aussi sont des enfants de Dieu, tout comme nous. Notre Seigneur ne permettra jamais que nos souffrances soient au-dessus de nos forces.

Même si nous pensons que nos chemins sont difficiles, nous devons attendre avec résignation, car la victoire brille au-delà du

-----

[63]Matthieu, 7 : 6 (N.A.E. Ferndinando)

corps, au-delà de notre propre raison. Soyons courageux et ayons dans notre âme rationnelle la volonté de continuer à vivre, en considérant que la vie est l'opportunité transférable que le Seigneur nous a accordée comme un prêt temporaire, nous devons réagir à nos ennemis avec la bannière de l'amour, en croyant que tout passe mais que l'amour que Jésus a pour les enfants de Dieu souffre sans raison particulière si nous ne souffrons pas pour nous-mêmes, quelqu'un a besoin de notre exemple pour initier sa transformation personnelle. Nous devons rendre grâce au Christ béni et glorifier la vie parce que nous sommes tout simplement vivants.

  — Je suis reconnaissant pour ces mots— dit Felipe en embrassant affectueusement le front de Catarina—. Je serai à nouveau fort et je chercherai le courage de continuer, parce que sans mon amour, je suis retourné à l'ancienne et familière solitude. Je suis consciente que peu importe combien nous souffrons et combien notre âme saigne, parce que les plus tristes sont ceux qui ont perdu la foi — ce n'est pas mon cas, je ne l'ai pas perdue. J'ai appris à travers les chemins de mon existence que tout passe sauf les choses du ciel ; elles habitent dans nos cœurs et l'une d'entre elles est Cecile. L'espoir de la retrouver et ma vraie foi vivent en moi et je sais que Dieu ne nous abandonnera pas.

  Catarina l'embrassa tendrement, essayant de réconforter son cœur et d'apporter un peu de paix à son âme épuisée.

Chapitre 24

De la "Croisade" pour la lumière, aux vérités que le temps n'efface pas

Le difficile voyage vers le village en France, dans le but de retrouver Etiene, a continué à faire souffrir le groupe.

Nora, qui portait une vie dans son ventre sous la responsabilité de l'expérimentée Catarina, a affronté avec courage et résignation ces routes tortueuses, sans plainte ni désespoir.

Felipe, enfermé dans son silence, portait dans son âme de nombreuses histoires et, parmi d'innombrables souvenirs, Cecile habitait encore son être.

Yasir et Antoine étaient toujours préoccupés par les détails du voyage, essayant d'atteindre la destination souhaitée le plus rapidement possible.

À l'arrivée, alors que le groupe de gitans cherchait un endroit sûr pour installer leur campement temporaire, sous les ordres de Sirilo, un homme fut chargé d'aller chercher Etiene à l'auberge rustique.

Etiene est arrivé peu après et, en identifiant ses amis, a été immédiatement accueilli chaleureusement. Après les salutations, les médecins lui ont raconté les incidents qu'ils avaient vécus et c'est avec émotion que le Français a déclaré :

— Mes chers, c'est avec une grande tristesse que je reçois la triste annonce de la mort de nos amis, en particulier Morilo et Cecile, et de toutes les épreuves qu'ils ont traversées.

Posant sa main droite sur Pablo et de Felipe, il poursuit :

— Je partage ta douleur. Pendant les jours où j'étais avec vous, j'ai beaucoup appris d'elle, une grande et belle amie, et une servante du Seigneur.

— Je ne peux omettre ma tristesse—répondit le médecin d'une voix hésitante —, ni en tant que père que je sais ne pas pouvoir être, ni en tant que père qui ne peut plus partager ses jours avec son grand amour. Je sais que rien n'est vain dans notre vie. Pour que les morts de Cecile et de Morilo n'aient pas été vaines, jusqu'au dernier jour de mon existence, je continuerai à me battre pour que ces textes continuent à être diffusés, en maintenant la vérité sur la continuité de la vie.

Même si l'ignorance obscurcit notre esprit, si la souffrance transfigure nos traits, si le sentiment de défaite d'aujourd'hui semble éternel, je suis convaincu que demain nous vaincrons. Un jour, les hommes regarderont par-dessus leur épaule et sauront qu'aucune vérité du Seigneur ne peut être cachée. Préparons-nous aux épreuves si nous voulons servir le Seigneur. Ayons confiance, car Jésus nous aidera et avec lui nous serons protégés.

— Nous passerons la nuit ici—, dit Sirilo—, puis nous irons à l'Est, où j'ai des amis qui sont favorables au christianisme. Ils nous aideront à nous réfugier dans ces lieux. Pour l'instant, nous devons nous reposer.

∞ O ∞

Le lendemain matin, alors qu'ils prennent leur petit-déjeuner, Etiene et Antoine s'approchent et annoncent que tout est prêt pour partir. Peu après, Etiene intervient :

— Toute la nuit, je n'ai cessé de penser à tout ce qu'ils ont enduré au nom d'un idéal et, surtout, pour faire vivre le contenu de ces textes—raconte Etiene, le visage pensif—. Parmi de nombreuses pensées, je me suis souvenu d'un mouvement religieux, celui des Cathares, qui s'est beaucoup développé dans le sud de la France, s'étendant à la région des Flandres et à la Catalogne. Rejetant la version biblique de la création du monde, ainsi que tout l'Ancien Testament, croyant à la « réincarnation », étant contre la confession et la richesse des ornements arborés par les prêtres et les évêques et contre les atrocités commises par ces derniers, ils gardaient leur foi en secret en essayant de se préserver. Mais rien ne suffit à les maintenir en vie et à contenir la fureur des croisés religieux qui les accusent d'hérésie et même d'adorateurs du diable, les conduisant à d'ignobles tortures ou au bûcher. Ils ont tout fait pour les faire taire, mais cela n'a pas suffi —. Cherchant l'inspiration dans l'air, Etiene dit:

— C'est un tel égoïsme qui a fait que ces textes ont été retirés des Écritures. Je ne peux accepter la raison qui a conduit le prélat catholique à omettre ces pages de l'humanité. Pendant tant d'années, nous avons été forcés d'accepter des dogmes qui ont massacré nos esprits avec des mensonges qui ont stagné l'humanité contre les concepts que la vie corporelle est une.

— Tu connais cette histoire— dit Felipe—, ainsi que beaucoup de ceux qui ont vécu pour la cause du christianisme et qui ont souffert des conséquences de leur croyance non pas en des dogmes imposés par les hommes, mais en la vérité que Jésus a été et sera le jalon fondamental de tous les temps... Des transformations complètes de l'humanité ; cependant, nous ne pouvons pas omettre que la réincarnation a toujours été présente dans notre histoire, dépassant les siècles, les civilisations et les cultures. Nous ne pouvons pas naître une seule fois, tout comme nous ne pouvons mourir qu'une seule fois. Nous sommes des enfants de Dieu et nous ne pourrons jamais terminer notre apprentissage en une seule existence.

Notre présent est le reflet de notre passé, de nos succès et de nos erreurs, avant une nouvelle occasion de repartir à zéro.

Soupirant, Felipe poursuit :

— Dans les nouvelles existences, nous trouvons des amours qui marquent positivement nos cœurs. De même que nous réajustons un passé souvent structuré dans l'égoïsme, la haine ou les hallucinations ; cependant, nous pouvons écrire chaque jour les pages d'une nouvelle histoire. Nous devons faire confiance à Jésus et savoir que nous ne vivons pas par hasard, mais pour être meilleurs qu'hier ».

— Les échos du concile de Constantinople de 553 après J.-C. — poursuit Etiene — se font encore entendre aujourd'hui. Les intérêts politiques et religieux n'ont pas pu supplanter la vérité, car rien n'est caché devant le Seigneur, le christianisme, qui a été l'essence des transformations de l'humanité, a cependant été détourné par les esprits insensés et cruels qui tenaient en main les règles de l'Église, sur les longues routes que les civilisations ont osé parcourir. Mais pour satisfaire les intérêts de certains, dans la croyance des hommes, on a créé un Christ dogmatique, en deçà des lois de Dieu. Des gens ont été massacrés pour avoir cru à des vérités, entre autres, comme le fait que la vie ne s'arrêtait pas au seuil de la tombe. Il a fallu d'intenses manœuvres sociales et militaires pour tenter de supplanter cette vérité, mais c'était sans compter sur le fait qu'après la mort du Christ, ses apôtres distribueraient les textes pour qu'ils ne se perdent pas.

— Mes chers— reprend Yasir—, grâce à l'héritage laissé, entre autres, par les pêcheurs qui ont suivi Jésus, nous sommes sûrs de ne pas être les enfants d'une seule vie. Aucune vérité n'a pu être cachée aussi longtemps—, poursuit-il avec un regard vide :

—Nous nous battrons jusqu'au dernier jour de notre vie pour que ces choses précieuses ne se perdent pas dans les chemins de la folie et de l'ombre.

« *Thomas - La continuité du christianisme*[64]

Didyme Judas Thomas a écrit les lettres suivantes sur Jésus :

- Jésus : Je suis venu sur terre pour que les hommes se souviennent de la justice du royaume des cieux et surtout de la paix. Je vous donnerai la sagesse, le courage, la foi, mais je ne pourrai pas libérer le cœur de ceux qui sont encore enfermés dans leur propre raison. Il faudra de nombreuses vies pour que les esprits qui prétendent m'aimer comprennent la raison de leur existence.

Un jour, des hommes de paix naîtront, mais des hommes de guerre naîtront encore. L'esprit d'égalité et d'unité n'habite pas encore votre cœur ; rappelez-vous alors : tout ce que vos yeux voient n'est plus et c'est le résultat de ce que vous avez vécu dans le passé.

Heureux celui qui a écouté mes paroles, qui a dit ce que j'ai dit ; plus heureux encore celui qui a permis au cœur de l'homme d'être touché par la transformation. Ainsi, un jour, nous aurons une seule pensée, une seule réalité et nous trouverons enfin le royaume des cieux.

---

[64] De nombreux textes ont été sélectionnés pour composer cette œuvre. Cependant, nous avons choisi cette page de Thomas, datant du premier siècle de notre ère, pour sa profonde expression de la continuité du christianisme. Elle a été massivement diffusée dans la région orientale, notamment en Inde et en Arménie, par ceux qui ont suivi l'apôtre Barthélemy après sa mort. (N.A.E. Ferdinando)

Jusqu'à ce que le jour de l'unicité de pensée arrive, il y aura beaucoup de différences d'idées parce que l'homme qui prétend être Dieu n'est pas encore capable de comprendre les lois qui gouvernent le Ciel et la Terre.

Ils ne le comprendront que lorsque l'esprit unique vivra encore de nombreuses vies. Leurs yeux verront ce qu'ils ne peuvent pas voir maintenant, leurs oreilles entendront ce qu'ils ne peuvent pas entendre, ils sentiront et vivront éternellement la volonté de mon Père.

Alors maintenant, ne regrettez pas les différences et les conflits d'opinion entre ceux qui prétendent m'aimer. Ne vous attachez pas aux dogmes religieux : vous ne m'y trouverez pas. Venez, prenez votre bâton et allez garder vos brebis qui attendent le pain de l'esprit pour rassasier votre faim et libérer votre esprit (...) »

C'est ainsi que ces enfants de Dieu sont restés en conversation et, pleins d'espoir et de foi, ont défini des projets pour un lendemain inconnu, portant dans leur cœur silencieux la maxime : « *Naître autant de fois que nécessaire, mais apprendre à chaque fois plus d'un million de fois... »*[65]

──────────────

[65] De nombreux personnages mentionnés dans cet ouvrage ont leurs histoires remarquables consignées dans le livre Lanternes du temps (N.A.E. Ferdinando, Tiago et Bernard).

Histoire Courte

Nobles amis, revenons à vos cœurs en confirmant notre lien éternel avec les lois chrétiennes qui habitent notre esprit et illuminent nos cœurs.

Nous remercions le Seigneur de nous avoir confié cette mission de faire connaître cette histoire vraie qui a marqué des âmes sœurs, changeant le cours silencieux des vies, suscitant le mouvement chrétien à une époque où les ténèbres luttaient sans cesse contre la lumière sous les fondements de la « Sainte » Inquisition.

Nous ne pouvons pas non plus nous passer de tous les frères bien-aimés qui nous ont aidés dans ces souvenirs. Je partage avec eux tous les mérites de ce travail parce qu'ils sont pour moi plus que des amis, mais des frères dans le Christ, parmi lesquels Tiago et Bernard, dont je ne pourrais jamais me priver de la compagnie bénie et particulière.

Ainsi, par désignation supérieure, nous restituons certains textes qui ont été exclus de la Bible, mais qui ont constitué le christianisme et qui étaient contenus dans les évangiles, y compris les apocryphes[66]. Ces textes font état de l'immortalité, de

---

[66] « Le terme 'apocryphe' désignait autrefois des livres destinés à un certain cercle de lecteurs, initiés à un courant de pensée, un peu comme les livres sibyllins et le jus pontificum (« droit des pontifes ») chez les Romains. Plus tard, les chrétiens l'ont utilisé pour désigner les écrits suspectés d'hérésie et qui n'étaient pas en accord avec l'enseignement officiel et, par conséquent, généralement non recommandés, plutôt à exclure non seulement de la lecture liturgique, mais aussi des mains des fidèles. » - Extrait du livre *Évangiles Apocryphes*. Luigi Moraldi. São Paulo: Paulo, 3e édition, 1999.

la rupture avec le credo des peines éternelles, de la pluralité des existences. Ils ont été retirés des pages de l'histoire par les excès et les abus de pouvoir de l'Église Catholique Apostolique Romaine qui, à l'époque de la « Sainte Inquisition », s'est présentée comme un maître absolu, dictant les lois, changeant les vies et, surtout, toutes les vérités, laissées par Jésus-Christ dans son règne d'amour et de lucidité.

Nous soulignons que nombre d'entre eux ont été rédigés par Barthélemy, André, Felipe, entre autres, lorsque « l'apôtre du cœur »[67] était présent dans la région orientale pour évangéliser les peuples de cette région, dont nous racontons la grande et inoubliable histoire dans les *Psaumes de la Rédemption*.

L'apôtre Barthélemy a joué un rôle important dans la diffusion des thèmes liés à la « réincarnation », à la vie après la mort et à l'immortalité, et c'est l'une des raisons pour lesquelles son nom est rarement mentionné dans les Évangiles actuellement connus.

Cependant, comme ces textes ont été écrits pendant longtemps dans des langues primitives et considérées comme mortes, nous avons décidé de les adapter autant que possible à notre époque afin de les rendre plus compréhensibles. Nous insistons sur le fait que cette adaptation n'invalide pas leur authenticité et leur intégrité. Nous vous informons que les (...) utilisés ici dans les paragraphes des textes signifient que nous

---

[67] Selon les informations de l'auteur spirituel Ferdinando et une note publiée dans le livre Psaumes de la Rédemption, Bartholomé était affectueusement connu par ses compagnons de route comme « l'apôtre du cœur ». Le traitement utilisé était intimement seul parmi eux et n'a pas été révélé dans l'histoire.

n'avons pas trouvé les traductions respectives pour les langues latine et anglaise.

Aux historiens respectés et aux spécialistes de la doctrine chrétienne, nous répétons une fois de plus que nous n'avons pas l'intention de confronter ou de confondre les édits, les documents ou les lignes historiques tracées dans le passé. Notre objectif était de faire connaître les histoires réduites au silence par les forces de l'homme qui ont fait de Jésus un synonyme temporaire d'irrationalité, lorsque beaucoup ont utilisé son règne sacré d'amour à des fins personnelles, transformant le christianisme en une doctrine de la peur, de la folie et de l'ignorance.

Comme dans toutes les œuvres que nous sommes invités à développer, il me revient de préciser que, s'agissant d'une histoire vraie, les personnages mentionnés ici ont vu leur individualité préservée, de même que les lieux et une partie de leurs expériences corporelles ont été introduits sur les ailes du romantisme afin de ne pas perturber les amis qui sont encore en train de faire face à leurs difficultés et de surmonter leurs peurs.

Cependant, nous recherchons la force des personnages, entre autres : Bernard, Yasir, Catarina, Morilo Martins, Sirilo et Nubia, qui ont été mentionnés dans les livres *Les Larmes du Soleil et Les Sceptres Fendus.* Ils sont attentifs à leurs expériences individuelles, consacrant leur vie à la cause du Seigneur, élucidant ceux qui étaient loin des vérités décrites par les mains des apôtres inoubliables. Ils faisaient partie de ceux à qui le Seigneur avait confié la mission de répandre son Évangile dans le monde entier.

Dédiés à la tâche de sauver le christianisme pur sans les dogmes établis par l'Église, déconnectés de ses dogmes, ils ont donné leur existence à la défense des textes écrits. Ils ont marché en marquant leurs jours d'une foi rationnelle inébranlable, de renoncements, d'apprentissages, bref de luttes inévitables, mais ils n'ont jamais été absents du dessein de Dieu : l'amour inconditionnel.

Enfin, pourquoi des *Vérités que le temps n'efface pas* ?

Nous croyons en effet que le plus grand héritage laissé par les disciples du Christ est l'exemple de la lutte et tous ceux qui ont combattu pour la cause du Seigneur font partie de la cour céleste et, grâce à leurs renoncements, ils ont perpétué le grand enseignement chrétien sur terre, l'amour.

C'est avec un cœur plein d'espérance et de joie que je te dis, cher lecteur, que les dictateurs de la foi passent comme les nuages du ciel, mais que le Christ Jésus ne passe jamais. C'est pourquoi, *Veritas evidens non pro banda*, voici la vérité évidente à laquelle nous nous référons : notre foi rationnelle et, surtout, le pilier qui nous soutient, le christianisme de la lumière...

Ferdinando

São Paulo, le 6 novembre 2004

Nobles amis

Rejoindre une fois de plus mes amis de l'assemblée, engagés dans cette tâche bénie par notre Seigneur Jésus-Christ, a été pour moi un cadeau dont, malgré mes efforts, je ne me sens pas encore digne, mais que je ne peux pas non plus négliger.

Avec mon frère éternel Ferdinando, avec qui j'ai partagé beaucoup d'expériences, de peines et surtout de joies de notre conversion au christianisme rénovateur, je me sens comme un jeune homme qui a reçu l'invitation d'un maître renommé pour accomplir une mission grande et spéciale.

Je ne pouvais pas oublier ces amis, comme le cher professeur Bernard, qui habitent mon monde et qui, baignés d'une foi inébranlable, m'ont aidée à écrire et à organiser ces souvenirs qui touchent profondément mon cœur et, en particulier, le cœur de Ferdinando, parce que beaucoup des personnages mentionnés ici ont été, sont et seront pour nous des bijoux précieux que nous gardons au fond de nos âmes dans une position de lumière et d'amour indubitable.

Je précise toujours que je ne me considère pas comme un écrivain, mais comme quelqu'un qui a développé ses compétences en dirigeant des hommes, en marchant sur les champs de bataille pour défendre de nombreuses causes politiques, sociales et, à de nombreuses occasions, religieuses.

Cependant, de toutes les luttes auxquelles j'ai été appelé en tant que militaire, je me souviens de celle que j'ai menée avec moi-même, lorsque, à une époque lointaine, j'ai rencontré les principes du christianisme primitif, qui s'est répandu sans armes, sans violence et sans luttes de pouvoir, mais avec courage, foi et espérance.

À cette époque, je ne pouvais pas ignorer la sagesse de Jésus, le général de tous les hommes. Alors, comme si j'étais un simple soldat, j'ai donné mon cœur à Lui, qui a transformé un homme rude avec beaucoup de connaissances en quelqu'un qui, par amour pour le Créateur, le Seigneur de nous tous, renoncerait à son existence.

Me voici donc inséré dans ces pages véridiques, où je me suis souvenu d'amis, j'ai compris des ennemis et j'ai œuvré pour que le Christ ne soit jamais oublié.

Notre mission était de sauver une histoire vraie qui, pour des raisons qu'il ne nous appartient pas d'exalter, nous a été enlevée à tous.

Respectant le lecteur, Ferdinando, avec son talent, a organisé le retour de ces textes d'une manière romancée afin que vous, mon ami, ne perdiez pas l'envie de les lire.

Répondant à la demande de ce frère en Christ, il m'a été donné de parler de deux personnages de cette œuvre. Le nom de Felipe, figure notable de ces pages, m'a ému aux larmes, faisant soupirer mon cœur, comme un père disparu, en me rappelant son passage dans *Psaumes de la Rédemption*, lorsqu'il embrasse la forte personnalité de Marc Aurèle, et dans *Lanternes du Temps*, dont j'ai gardé l'identité, mais je l'exalterai comme celui qui, seul, avec un grand courage, a pu amener l'État romain à revenir définitivement à Jésus.

Pour moi, parler de Cecile et sentir le parfum de printemps lointains comme ceux racontés dans *Psaumes de la Rédemption*, quand elle était simplement Esther, ou dans *Lanternes du Temps*, quand elle essayait les vêtements de notre inoubliable et bien-aimée Lucrèce, la lumière éternelle s'est allumée dans nos cœurs.

Grâce à sa « médiumnité », elle a, entre autres, beaucoup contribué à ce que, dans le futur, les médiums expérimentés qui ont travaillé avec le codificateur puissent apporter la sagesse du spiritisme à la Terre. Ses exemples d'amour, de dévouement et d'enseignements sur le sujet, laissés et enregistrés, ont surmonté le temps et aidé les médiums à lutter contre les préjugés et à croire au pouvoir de la communication avec l'invisible, en luttant courageusement pour vaincre l'ignorance sur ce sujet sensible qui parcourt encore les routes du monde.

Ensemble, dans une expérience corporelle aussi rapide, ils n'ont pas failli, comme toujours, à leurs missions chrétiennes. Mes lecteurs et amis sincères, je vous demande pardon de retarder cet épilogue, mais j'espère que, unis à la lumière céleste qui se déverse toujours sur les enfants de Dieu sans distinction, vous avez trouvé dans ces pages d'amour les lignes nécessaires pour confirmer votre conversion et surtout le courage de continuer la marche individuelle toujours en avant, parce que le Seigneur nous attend...

Tiago

São Paulo, 6 novembre 2004.

Amis en Christ

Je commence cette lettre entourée d'une forte émotion, que j'ai du mal à contenir. Après tout, c'est une bénédiction pour moi de me consacrer à l'écriture, que je reçois avec une grande joie. Je ne peux pas non plus oublier les demandes de nombreux collègues, car jusqu'alors je préférais rester anonyme, m'aidant des travaux préparés de main de maître par mon cher frère Ferdinando, d'un recueil d'études réalisées dans le passé en tant que penseur et historien chrétien que j'étais et que je suis toujours. Cependant, j'ai cherché dans le langage qui m'était offert la terminologie la plus actuelle afin d'être compris.

De plus, nous comprenons tous que le sujet traité dans ces pages suscite naturellement de la curiosité et même des doutes.

Dans cette note, je souligne que la vie de Jésus et de tous ceux qui l'ont suivi ne s'est pas limitée à la connaissance qui est aujourd'hui réservée aux chrétiens, à travers les chemins définis par l'Église. Le christianisme s'est répandu en de nombreux endroits de la Terre, coexistant avec diverses cultures et éveillant chez de nombreux érudits et simples gens la force d'une foi semée par Jésus, le Nazaréen, strictement rationnelle et connue sans dogmes ni déviations de sa primauté d'amour.

Nous ne pouvons ignorer que cet héritage incommensurable ne se limiterait pas à douze hommes, connus sous le nom d'apôtres.

Dans ces pages, vous, lecteur, avez appris à connaître une partie du réseau de distribution des textes qui ont été exclus de la Bible. Beaucoup d'hommes et de femmes - même de manière très simple - ont osé et avancé sans limites, en utilisant des copies transcrites dans différentes langues et de différentes manières, afin de les préserver lorsque le pouvoir politique et le syncrétisme religieux pouvaient les menacer.

C'est ainsi qu'ont été conservés ces textes et bien d'autres, transmis de génération en génération par un groupe de chrétiens authentiques qui les connaissaient profondément. J'ose dire que bien plus que les historiens, les hommes Barthélemy, André, Felipe ou la belle Marie de Magdala dont le nom reste, à tort, entouré de mystère jusqu'à aujourd'hui. Nous ne pourrions pas non plus taire la vérité selon laquelle la médiumnité a toujours été présente parmi les hommes et qu'il n'en aurait pas été autrement en cette occasion où cette histoire a été racontée.

Motivés par le credo qui nous habite, dans les sphères supérieures de la Terre, notre Maître Jésus et de nombreux frères ont reconnu que le temps était venu pour les chrétiens d'élargir leur vision des vérités du Christ.

C'est pourquoi nous avons humblement accepté les commandes qui m'ont été réservées, ainsi qu'à Ferdinando et Tiago, pour réaliser des traductions de nombreux textes concernant le christianisme, jusqu'alors supposés inconnus et distribués dans de nombreux pays chrétiens et non chrétiens.

Notre Seigneur Jésus, comme il l'avait promis lors de son passage sur terre, n'a pas abandonné ceux qui luttaient pour la vérité. Il n'est pas resté insensible à tous les événements et à toutes les atrocités commises en son nom par les lois inquisitoriales. Ensuite, ses fidèles émissaires du bien se sont rassemblés dans les plus hautes sphères pour revenir consciemment sur terre en mission céleste afin de sauver les enseignements réduits au silence ou transformés au fil du temps.

C'est ainsi qu'une grande tâche a été organisée pour promouvoir la transformation de l'idéologie égoïste qui prévaut dans les cœurs endurcis et oublieux des objectifs fraternels du

Maître qui, dans le passé, dans son empire de lumière et de sagesse, a marqué positivement le cours du monde.

Tandis que le monde physique était enveloppé du manteau obscur de l'ambition du « Saint-Office », marquant les âmes, établissant des liens de haine, de douleur et d'amertume, dans le monde invisible, de véritables armées d'amour étaient sélectionnées et préparées pour ramener courageusement la paix et la vérité dans la conscience de l'homme.

Le cœur plein d'espoir, j'ai rejoint mes proches, assurant la présence de la vérité dans ces pages, parce que, avec tous, je me suis souvenu des paroles de l'inoubliable apôtre du cœur Barthélemy : « naître autant de fois qu'il le faut, mais apprendre plus d'un million de leçons dans chaque vie ».

Je vous adresse mes salutations fraternelles.

Bernard

São Paulo, 6 novembre 2004.

Lectures Recommandées

Pour ceux qui souhaitent approfondir ce sujet, nous proposons la bibliographie suivante :

BAIGENT, Michael. Les manuscrits de Jésus. Trans. Regina   Lyra. New Frontier, 2006.

BAIGENT, Michael et LEIGH, Richard. Les intrigues autour des manuscrits de la mer Morte. Trans. Laura Rumchinsky. Imago, 1994, 2e édition.

LAPERROUSAZ, E. M. Les manuscrits de la mer Morte. Trans. Maria Stela Gonçalves et Adail Ubirajara Sobral. Cultrix, 1961.

MIRANDA, Hermínio C. Los Cártaros y la Hérésie Catholique. Lachatre, 2002.

MIRANDA, Hermínio C. L'Évangile gnostique de Thomas. Lachatre, 1995.

MORALDI, Luigi. Évangiles Apocryphes. Pablous, 1996, 3e édition.

SHANKS, Hershel. Comprendre les manuscrits de la mer Morte. Trans. Laura Rumchinsky. Image, 1992.

Grands succès de Zibia Gasparetto

En vendant plus de 20 millions de titres, l'auteur a contribué au renforcement de la littérature spiritualiste sur le marché de l'édition et à la popularisation de la spiritualité. Lisez d'autres exemples de réussite de l'auteur.

Romans Dictés par l'Esprit Lucius

La force de la vie

La vérité de chacun

La vie sait ce qu'elle fait

Elle a fait confiance à la vie

Entre amour et guerre

Esmeralda

Épines du temps

Liens éternels

Rien n'est dû au hasard

Personne n'appartient à personne

L'avocat de Dieu

Demain appartient à Dieu

L'amour gagné

Rencontre inattendue

Au bord du destin

Le sournois

Le morro des illusions

Où est Teresa ?

À travers les portes du cœur

Quand la vie choisit

Quand l'heure vient

Quand il faut revenir

S'ouvrir à la vie

Ne pas avoir peur de vivre

Seul l'amour peut le faire

Nous sommes tous innocents

Tout a un prix

Tout en valait la peine

Un véritable amour

Surmonter le passé

Autres succès d'Andrés Luiz Ruiz et Lucius

L'amour ne t'oublie jamais Trilogie

La force de la gentillesse

Sous les mains de la miséricorde

Dire adieu à la Terre

À la fin de la dernière heure

Sculpter son destin

Il y a des fleurs sur les pierres

Les rochers sont faits de sable

Autres succès de Gilvanize Balbino Pereira

Les lanternes du temps

Les anges de Jade

L'horizon des alouettes

Sceptres fendus

Les larmes du soleil

Psaumes de rédemption

Livres d'Eliana Machado Coelho y Schellida

Cœurs sans destin

L'éclat de la vérité

Le droit d'être heureux

Le retour

Dans le silence des passions

La force de recommencer

La certitude de la victoire

La conquête de la paix

Les leçons de la vie

Plus fort que jamais

Pas de règles pour aimer

Un journal dans le temps

Une raison de vivre

Eliana Machado Coelho et Schellida, des romances qui captivent, enseignent, émeuvent et peuvent changer votre vie !

Romances d'Arandi Gomes Texeira et du comte J.W. Rochester

Comté de Lancaster

Le pouvoir de l'amour

Le procès

Le bracelet de Cléopâtre

La réincarnation d'une reine

Vous êtes des dieux

Livres de Marcelo Cezar et Marco Aurelio

L'amour est pour les forts

La dernière chance

Rien n'est comme il semble

Pour toujours avec moi

Seul Dieu sait

Tu fais demain

Un souffle de tendresse

Livres de Vera Kryzhanovskaia et JW Rochester

La vengeance du Juif

La Nonne du mariage

La fille du sorcier

La fleur du marais

La colère divine

La légende du château de Montignoso

La mort de la planète

La nuit de la Saint-Barthélemy

La vengeance du juif

Heureux les pauvres d'esprit

Cobra Capella

Dolorès

Trilogie du Royaume des Ombres

Du ciel à la terre

Épisodes de la vie de Tibère

Le sortilège infernal

Herculanum

À la frontière

Naema, la sorcière

Dans le château d'Écosse (Trilogie 2)

Nouvelle ère

L'élixir de longue vie

Le pharaon Mernephtah

Les Législateurs

Les Magiciens

Le fantôme terrible

Le paradis sans Adam

Romance d'une reine

Luminaires tchèques

Récits cachés

La nonne des mariages

Livres d'Elisa Masselli

Il y a toujours une raison

Rien ne reste sans réponse

La vie est faite de décisions

La mission de chacune

Quelque chose de plus est nécessaire

Le passé n'a pas d'importance

Le destin est entre ses mains

Dieu était avec lui

Quand le passé ne passe pas

Il ne fait que commencer

Livres de Vera Lucia Marinzeck de Carvalho et Patricia

Des violettes à la fenêtre

Vivre dans le monde des esprits

La maison de l'écrivain

Le vol de la mouette

Vera Lucia Marinzeck de Carvalho et Antônio Carlos

Aimer les ennemis

L'esclave Bernardino

Le rocher des amoureux

Rosa, la troisième victime fatale

Captifs et affranchis

Livres de Mónica de Castro y Leonel

Malgré tout

On ne badine pas avec l'amour

Face à la vérité

De tout mon être

Le désir

Le prix de la différence

Jumeaux

Giselle, la maîtresse de l'inquisiteur

Greta

Jusqu'à ce que la vie vous sépare

Les élans du cœur

Jurema de la jungle

L'actrice

La force du destin

Souvenirs que le vent apporte

Secrets de l'âme

Se sentir bien dans sa peau

World Spiritist Institute
https://iplogger.org/2R3gV6

Milton Keynes UK
Ingram Content Group UK Ltd.
UKHW041035040823
426331UK00004B/309

9 781088 188439